Edgara Vieweg

Auf nach Neuseeland,
dem Land der langen weißen Wolke.

Unsere Neuseelandreise
vom 28. Januar bis 25. Februar 1989
von Edgara Vieweg

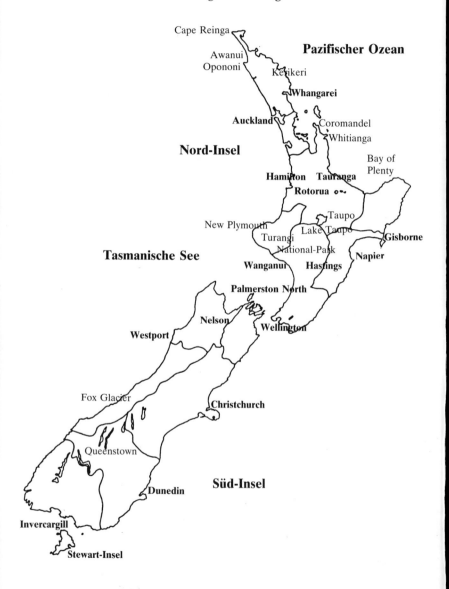

Baa, baa black sheep, have you any wool?
Yes sir, yes sir, three bags full.
One for the master, one for the dame,
One for the little boy, that cries down the lane.

Auf nach Neuseeland,
dem Land der langen weißen Wolke,
Schäfchen zählen!

© 1990 bei Tangens Systemverlag GmbH
Donnerstraße 5 · 2000 Hamburg 50
Telefon (0 40) 39 13 16 · Telefax (0 40) 39 51 18
Alle Rechte vorbehalten
Satz: Boyens & Co., Heide/Holstein
Druck: Boyens & Co., Heide/Holstein
Umschlagentwurf: Anja Schlüter
PRINTED IN GERMANY
ISBN 3-926622-74-1

Inhaltsverzeichnis

Vorwort 7

Reiseplanung 9

Land der langen weißen Wolke 11

Reiseverlauf 13

Politik und Wirtschaft 141

Fauna und Flora 143

Geschichte der Maori 145

Weiße Besiedlung 147

Schule – Universität – Wissenschaft – Kultur 149

Reisetips 151

Vorwort

Wenn in meinem Reisebericht oft die erste Person "ich" verwandt wird, bedeutet das nicht etwa, daß mein Mann nur "mitgewesen" sei, vielmehr wird damit das unmittelbar persönliche Erlebnis ausgedrückt.

Einleitend muß ich wohl deshalb für das bessere Verständnis des Lesers noch einige Worte zur inzwischen bestens eingespielten Funktionsverteilung der einzelnen Aufgaben zwischen meinem Mann und mir auf derartigen Campingreisen sagen. Meinem Mann obliegt der Teil der Vorbereitungen, der mit Buchungen, Reiseroutenauswahl, Kontaktaufnahme mit den in dem vorgesehenen Zielgebiet lebenden uns bekannten Menschen usw. zusammenhängt, während ich mich um unsere persönlichen Dinge, wie Auswahl der Kleidung, evtl. Verpflegung u.ä., zu kümmern habe. Darüber hinaus habe ich die Berichterstattung, die während der Reise meine Aufgabe ist, durch Studium der einschlägigen Literatur über Geographie, Flora, Fauna, Geschichte und ethnische Zusammenhänge vorzubereiten. Während der Reise übernimmt Rolf die Fahrerei, was in Neuseeland mit dem großen "Schlachtschiff" bei manchmal recht schmalen Straßen und Wegen und dem Linksverkehr nicht immer ganz einfach war. Ich helfe ihm dabei als Copilot beim Auffinden der richtigen Straßen und gelegentlich mit Ermahnungen zur Einhaltung der nationalen Straßenverkehrsordnung. Jeder tägliche Start begann mit meinem Hinweis: "Denke daran, du mußt hier links fahren." Die Hausarbeit wird zwischen uns in der Weise aufgeteilt, daß ich das Kochen besorge, während Rolf für das Säubern des Geschirrs und die "Müllabfuhr" verantwortlich ist. Die Einkäufe werden gemeinsam getätigt.

Abends schreibe ich das Tagebuch, das Grundlage meiner Berichte ist. Selbst bei größter Müdigkeit zwinge ich mich dazu. Es würden ansonsten zu viele Erlebnisse und Eindrücke verlorengehen und für uns unwiederbringlich sein, da der nächste Tag schon wieder mit einer Fülle von neuem Berichtenswerten angefüllt ist. An der anderen Ecke des Tisches sitzt dann Rolf und bereitet die Route des nächsten Tages im Detail vor, wobei er die sehenswerten Punkte festlegt und mir kurz vorstellt, die dann gemeinsam als Tagesziele bestimmt werden.

Reiseplanung

Wo geht unsere nächste Reise hin? So überlegen wir im Herbst 1988. Es gibt doch noch so viel Schönes und Interessantes auf unserer Welt zu sehen. Solange es die Gesundheit noch zuläßt, hält uns nichts und niemand zurück. Rolf möchte nach Australien zu den Känguruhs und Kaninchen. Zu Hause haben wir nur eines davon. Ich ziehe aber Neuseeland vor, zumal wir bereits einen sehr schönen Diavortrag sahen. Natürlich kann dieser niemals eine eigene Reise ersetzen, aber wir können ja selbst das Land erleben, wie wäre es? Bei diesem Plan bleibt es dann auch. Rolf bereitet die technischen Dinge vor, wie Buchung des Fluges und des Campmobils, und ackert Reisevorschläge durch; und endlich ist es soweit.

Land der langen weißen Wolke

Der Polynesier Kupe, der auch als Columbus Neuseelands bezeichnet wird, nannte das von ihm 800 Jahre vor James Cook neu entdeckte Land "Aotearoa", was soviel heißt wie "Land der langen weißen Wolke": diese Bezeichnung ging auf eine Beobachtung zurück, die häufig an den langen Stränden der Nordinsel gemacht werden kann. Parallel zur Küste erstreckt sich ein langes weißes Wolkenband, das auch von See aus zu sehen ist.

Nach der Rückkehr in seine Heimat, wahrscheinlich auf den Gesellschaftsinseln, berichtete er seinen Leuten von diesem Traumland. Die Menschen seiner Heimat entsannen sich Generationen später wieder dieser Schilderungen und entschlossen sich, das "Land der weißen Wolke" nun selbst zu entdecken und zu besiedeln.

Mit seetüchtigen Kanus kamen die Vorfahren der heutigen Maoris in Gruppen in das "Land der langen weißen Wolke" und blieben hier. Selbst die Namen der einzelnen Kanus, mit denen ihre Vorfahren gekommen sind, halten die Clans der Maoris in ihren Familiensagen heute noch fest.

Nun wollen wir uns davon überzeugen, ob auch wir das Naturschauspiel der langen weißen Wolke und die anderen viel gerühmten Schönheiten Neuseelands erleben können. Deshalb nichts wie hin!

Sonnabend, 28. 01. 1989 – Sonntag, 29. 01. 1989

Auf los geht's los! In diesem Moment rollt unsere "Air New Zealand" in Frankfurt zur Startbahn. Es ist 5 Minuten vor 15 Uhr. In Hamburg hatten die Lufthansa und andere Fluglinien Verspätungen. Wir schaffen aber glücklicherweise den Anschluß nach Neuseeland mit einer anderen als der ursprünglich geplanten Maschine. Nebel überzieht das Land.

Wenn auch mit etwas Verspätung, fliegt unsere Maschine nun doch. So beginnen unsere Reisen eigentlich stets: spannend, aufregend und voller Überraschungen. Froh bin ich immer, wenn ich Rolf, meinen Mann, endlich ruhig und nicht mehr ausflippend auf dem Platz neben mir habe! An den letzten Tagen vor einer so weiten Reise herrscht immer eine große Hektik. Gibt es doch noch so viel zu regeln und zu ordnen. Wir sitzen in der 34. Reihe. Hinter uns ist der Notausstieg. Dieses Mal gibt es genauere Anweisungen für Notfälle als sonst üblich. In letzter Zeit ist wohl einfach zuviel passiert. So starben in England vor kurzem durch eine Bombe an Bord viele Menschen. Gleich danach raste ein Flugzeug gegen einen Bahndamm. Wir wollen nicht daran denken und hoffen auf eine glückliche Heimkehr.

Und sicher höre ich, kaum daß sich unser Vogel in die Luft erhoben hat, gleich die erste Frage von Rolf: "Wann wird endlich serviert?" Ich soll mich nicht getäuscht haben. Schon kommt die nette Stewardess und offeriert Getränke. Ich trinke aus Vorsicht Coca Cola, die ich eigentlich nicht sehr schätze. Unser Hausarzt hat dieses Getränk gegen nervösen Magen empfohlen. Rolf tropft beim Trinken – wie kann es anders sein – gleich der Tomatensaft herunter. Mit rot gesprenkelter Jacke wird er nun die Reise überstehen müssen. Doch er hat Glück: mein "Kölnisch Wasser" schafft das Problem mühelos aus der Welt. Er strahlt.

Auf der Filmleinwand erscheint ein Bild über unsere Flugstrecke. Wir befinden uns zur Zeit über Utrecht. Weiter führt uns der Weg über Grönland, Kanada nach Los Angeles. Auf diese Art und Weise werden wir immer wieder über den Flugverlauf informiert. Inzwischen ist es nach unserer Zeit 22.30 Uhr geworden.

Wir haben gerade schön gespeist. Zur Wahl standen Hühnerbrust oder Lammkotelett mit Bohnen. Als Vorspeise gab es Lachs und zum Dessert einen schmackhaften Pudding. Wir haben uns für Lammkotelett entschieden. Mittlerweile liegt die vereiste Hudson Bay in Nordkanada unter uns. Ich döse ein wenig, andere sehen sich einen Film an, wovon drei auf der Reise geboten werden.

Viele Deutsche sitzen im Flugzeug und studieren Neuseelandkarten und -bücher. Ich warte lieber neugierig ab, welche Erlebnisse die Reise für uns bereithält. Wozu habe ich meinen Mann?! Er hat sich ja gut vorbereitet.

Was ist nur mit Rolf los? Zu Hause schläft er meist um 20.00 Uhr bereits! Heute ist er munter wie ein Fisch im Wasser und stört mich "alle Nase lang", zum Beispiel, um die Sichtblende von der Scheibe hochzuziehen und auf die unter uns liegende Gegend beziehungsweise auf die Tragflächen zu schauen. Scheint wohl sehr interessant zu sein! Da wir Kanada aus den vielen Reisen gut kennen, sucht er wohl auch altbekannte Gegenden. Die Sicht ist heute sehr gut. Immer wieder redet er auf mich ein.

So geht es weiter bis Los Angeles. Wir überfliegen dabei den Grand Canyon, Utah mit Salt Lake City, Las Vegas und dann die pazifische Küste. In Los Angeles dürfen wir zum ersten Mal unser Flugzeug für etwa eine Stunde verlassen. Für diesen Zweck ist ein Transitraum reserviert. Nach reichlich einer Stunde starten wir wieder in Richtung Hawaii. Fünfeinhalb Stunden später landen wir in Honolulu. Dreißig Minuten sollte der Aufenthalt hier dauern, aber seit eineinhalb Stunden halten wir uns eingepfercht in einem großen Raum auf. Jeder der etwa

370 Fluggäste macht seine eigene Gymnastik, um die Füße abschwellen zu lassen oder den Rücken wieder gerade zu biegen. Mich interessieren dabei die einzelnen angewandten Techniken. Dabei kommt mir eine Idee: weshalb wird auf bestimmten von Langstreckenflügen berührten Flugplätzen keine Gymnastiklehrerin eingesetzt, um die müden "Flieger" wieder fit zu machen? Ich sollte das einmal anregen.

Bis Los Angeles betrug die reine Flugzeit elf Stunden, bis Honolulu waren es fünfeinhalb Stunden, und bis Neuseeland werden es dann noch einmal achteinhalb Stunden sein. Insgesamt dauert diese Flugreise fast achtundzwanzig Stunden.

Nun können wir wieder ins Flugzeug steigen, und es geht weiter. Unsere Crew wechselt auf jedem Flughafen. Überwiegend werden wir von Männern betreut. Alle sind sehr nett.

Wie schon gesagt, erhalten wir auf diesem Flug zum ersten Mal auf der Kinoleinwand ständig Informationen darüber, wo wir uns gerade befinden, wie hoch wir fliegen, wie viele Kilometer wir geflogen sind, wie viele wir noch zu fliegen haben und wann wir genau ankommen werden usw. Außerdem wird die jeweilige Distanz zu den leitenden Funkfeuern angezeigt. Besonders interessant wird es jetzt, weil zum ersten Mal die Datumsgrenze erscheint, die wir bald überfliegen. Im Augenblick fliegen wir in einer Höhe von mehr als 11 000 Metern. Die Außentemperatur beträgt −62 Grad Celsius. Wir sind von diesen Informationen begeistert, erlauben sie doch den Passagieren, ständig über die Position auf dem laufenden zu sein. Das sollten andere Luftfahrtlinien der Air New Zealand nachmachen. Im Wechsel mit diesen Informationen wird ein sehr schöner Film über Neuseeland gezeigt.

Rolfs Bart wächst! Der König von Tonga, einer Insel, die gerade unter uns liegt, würde ihn so sicher nicht empfangen! Rolf wird eitel, geht in die Toilette, um sich zu rasieren. Oh weh, wie sieht er denn nun aus? Ist ihm wohl eine Katze ins Gesicht gesprungen? Seine rechte Wange hat er sich mit dem dort befindlichen Einmal-Rasierer total zerschnitten.

Obwohl wir wegen der Zeitverschiebung mehrmals "Nacht" erleben, wird aus dem Schlaf nicht viel. Neben Rolf sitzt eine junge, sympathische Gartenarchitektin aus Gifhorn, die in Kiel arbeitet, und mit der ich eine Menge aus der gemeinsamen Heideheimat zu erzählen habe. Sie geht für zwei Monate nach Neuseeland.

Montag, 30. 01. 1989

Eben haben wir die Datumsgrenze passiert. Nach unserer Berechnung sind wir einen Tag weiter als bei uns zu Hause. Gegen 8.30 Uhr – bei uns zu Hause ist es 20.30 Uhr – landen wir heil und gesund in Auckland.

Die Zollbeamten fragen alle Reisenden nach "Salami". Das ist wohl das einzige deutsche Wort, das sie kennen. Wir schleppen diese Delikatesse natürlich nicht mit uns herum und können sofort gehen. In Neuseeland wird streng darauf geachtet, daß nicht etwa Krankheitserreger, Bakterien usw. mit Lebensmitteln eingeschleppt werden.

Mit einem Taxi, der Fahrer ist ein Maori, fahren wir zum Hotel, das uns erdbeerfarben entgegenstrahlt. Das Hotel ist denkbar einfach und sieht wie ein deutsches Landgasthaus vor dem Kriege aus. Zwei Toiletten und zwei Waschräume müssen für die Gäste eines Flures, an dem etwa 12 Zimmer liegen, reichen. Einen Kleiderschrank gibt es nicht. An der Tür hängen einige Drahtbügel. Die Gäste sind alle nur für eine oder höchstens zwei Nächte hier, um dann auf Tour zu gehen oder wieder nach Hause zu fliegen. Es ist aber alles sehr sauber, und die Betten sind gut. Bevor wir uns für zwei Stunden aufs Ohr legen, rufen wir zu Hause an. Die Verbindung nach Deutschland klappt auf Anhieb. So wissen die "Daheimgebliebenen", daß es uns gut geht.

Nach unserer kurzen Ruhepause telefonieren wir mit den in Auckland lebenden Brehmers, die in einer Stunde kommen wollen.

Sie sind pünktlich und begrüßen uns herzlich in Neuseeland, obwohl wir sie bisher noch nicht persönlich kennengelernt haben. Sofort wird ein Ausflug ins nahegelegene Universitätsgelände unternommen. Mitten durch den Campus zieht sich eine alte Mauer, die vor 150 Jahren als Schutz gegen die Ureinwohner, die Maoris, gedacht war und die ursprünglich ein Militärlager umgab. Herrliche Parkanlagen mit dem Denkmal der Queen Victoria schließen sich an.

Wir befinden uns jetzt im Albert Park mit prächtigen Bäumen, Blumenbeeten und einer wunderschönen Blumenuhr.

Die Universität wurde 1882 gegründet. Sie genießt im In- und Ausland inzwischen hohes Ansehen. Auf dem Universitätsgelände befindet sich auch das Government House, das, solange Auckland als Hauptstadt von Neuseeland diente, der Sitz des Gouverneurs war. Es blieb Residenz des Gouverneurs, wenn er in Auckland war, bis 1969, als es der Universität übergeben wurde und seit diesem Zeitpunkt nun dem Dozentenkollegium als Gemeinschafts- und Unterhaltungsort dient. An weiteren Gebäuden befinden sich hier das High Court – oberstes Gericht – und die City Art Gallery, die wir, wenn es klappt, am Ende unserer Reise besuchen wollen. Die Haupteinkaufsstraße, die Queen-Street, erstreckt sich bis hinunter zum Hafen. Sie ist 2 km lang und endet am Queen Elizabeth Square. Eine weitere bekannte Einkaufsstraße ist die Customs Street. Wir können all diese Sehenswürdigkeiten von unserem sehr zentral gelegenen Hotel am Emily Place zu Fuß erreichen. Wenn wir den vorletzten Tag nochmals in Auckland sind, wollen wir für die letzte Nacht wieder dieses Hotel nehmen, um noch das nachzuholen, was wir heute nicht schaffen.

Nach diesen ersten Besichtigungen geht es in einem etwas flotteren Tempo zum Hafen. Wir müssen uns beeilen, um rechtzeitig an der Fähre zu sein. Heute ist ein großer Feiertag der Provinz Auckland, an dem eine weltberühmte Segelregatta stattfindet. Yachten aus aller Welt und aller Klassen nehmen daran teil. Es ist der Anniversary-Day.

Diese jährliche Art der Veranstaltung findet aus Anlaß des Erwerbs des Landes von den Maoris, auf dem heute der Stadtkern von Auckland steht, und der Gründung der Provinz Auckland im Jahre 1852 statt.

Neuseeland wurde in sechs Provinzen eingeteilt: Auckland, New Plymouth, Wellington, Nelson, Canterbury und Otago. Diese Gliederung wurde aber 1876 wieder aufgegeben.

Im Jahre 1840 tauschte Kapitän Hobson für einige Decken, Kochtöpfe, Beile und Silbermünzen 12 km des Landes von den Maoris ein. Auckland wurde die Hauptstadt Neuseelands, verlor allerdings diesen Status 1865 an Wellington.

800 000 Menschen leben heute in der Stadt, die flächenmäßig größer als West-Berlin ist. Zum größten Teil sind es Einzelhäuser, die auf den 60 erloschenen Vulkanen erbaut wurden. Vor der europäischen Besiedlung befanden sich befestigte Maori-Wehrdörfer in der Gegend. 20 000 Maoris sollen zur Zeit der Forschungsreisen von James Cook dort gelebt haben.

Wir fahren heute mit einer 80 Jahre alten Fähre, die nur noch selten eingesetzt wird, zum Stadtteil Devonport am nördlichen Ufer der Waitemeta-Bucht.

Von Weihnachten bis zum heutigen Tag hat es – wie wir von Brehmers hören – nur geregnet, doch jetzt strahlt die Sonne vom blauen Himmel. Wir laufen an der Strandpromenade entlang. Von hier aus hat man einen wunderschönen Blick auf die Stadt Auckland. Wir sehen die Hafenbrücke, die 1959 dem Verkehr übergeben wurde. Bevor es die 1052 m lange Brücke gab, mußte alles – Menschen und Fahrzeuge – mit der Fähre von einem Stadtteil zum anderen transportiert werden.

Nach zwei Stunden fahren wir zurück und essen in einem Lokal am Hafen die ersten Lammfilets in Erdnußsoße. Lecker, lecker! Dazu gibt es Fladenbrot mit Knoblauchbutter, das auch nicht zu verachten ist.

Nach der Stärkung gehen wir über den Queen Elizabeth Square, an der Hauptpost vorbei, über die Customs Street zurück zum Hotel. So ganz taufrisch sind wir nun nicht mehr, aber ich wundere mich, daß wir alles so gut überstanden haben: vom Winter mit ewigem Regen bis zum Sommer mit viel Sonne, und das bei 12 Stunden Zeitunterschied. Für so alte Herrschaften wie uns mit 64 und 69 Jahren doch eine beachtliche Leistung. Wenn wir von unserer Tour durch Neuseeland zurückkommen, wollen wir die Stadt noch ein wenig mehr genießen.

Es war sehr lieb, daß Brehmers gleich gekommen waren. Morgen wollen wir uns bei der Firma Maui, von der wir unser Campmobil übernehmen, treffen.

Es ist 19.30 Uhr. Schnell geht es in die Falle. Ob unser Sohn Stefan jetzt in Deutschland um 8.30 Uhr schon tüchtig am Arbeiten ist?

Gute Nacht!

Dienstag, 31. 01. 1989

Gut erholt stehen wir gegen 7.00 Uhr auf. Im Keller des Hotels ist der Frühstücksraum untergebracht. Alle Gäste sitzen an zwei großen Tischen. Das Brot toastet sich jeder selbst, auch den Kaffee brüht man allein auf. Verschiedene Cornflake- und Müslisorten stehen bereit, ebenso Butter, Marmeladen- und Honiggläser und Milch. Wie eine große Familie fühlt man sich. Wir sitzen neben einem Ehepaar aus Nürnberg. "Er" ist in Oldenburg i. Oldbg. geboren und hat in Nürnberg Sozialwissenschaften studiert. Jetzt betätigt er sich im "Ausschuß für Asylantenaufnahme". Im Nürnberger Raum befindet sich ein großes Aufnahmelager in Denkendorf. Das Ehepaar ist mit der Thailändischen Luftlinie, die wir mit ihrem freundlichen Service auf unserer Chinareise 1984 kennengelernt haben, über Bangkok, wo es einen Tag Aufenthalt hatte, geflogen. Sie mieten sich einen PKW und wollen 6 Wochen bleiben. Bin ich aber neugierig, wie viele Deutsche wir noch sehen werden!

Der Manager des Hotels verabschiedet sich freundlich in gebrochenem Deutsch mit "Auf Wiedersehen, Rolf".

Mit der Taxe fahren wir zu unserem Wohnmobil-Verleih. Die Einrichtungen dienten früher einer großen VW-Reparatur- und Verkaufsstelle, also am anderen Ende der Welt auch VW. Wir sehen und hören fast nur Deutsche. Und wir dachten vor der Reise, wir würden hier die einzigen sein. Naiv, nicht?

Alles ist gut vorbereitet. Wir bekommen ein riesiges "Schlachtschiff" der Marke Daihatsu in Beige mit blau-orange-farbenen Streifen und der Aufschrift "Mt. Cook-Line". Der arme Rolf, der damit um die Ecken und dann auch noch im Linksverkehr fahren muß, wie voriges Jahr in Südafrika. Wie ist ihm wohl zumute? Ob er auch dieses Mal wieder den Scheibenwischer mit dem Blinker verwechselt? An die ersten vor uns liegenden Minuten durch die Stadt mit dem dichten Verkehr mag ich gar nicht denken.

Ich packe erst einmal in Windeseile unsere Koffer aus, um sie hier beim Wohnmobil-Verleih zu deponieren. Es wäre sehr umständlich, diese während der Reise im Wohnmobil mitzunehmen. Sie würden überall im Wege sein und ständig herumrutschen oder während der Fahrt von der Bank herunterfallen.

Unsere Wäsche verstaue ich, gleich ordentlich sortiert, in die oben befindlichen Wandschränke, links Rolfs und rechts meine Sachen. Wir nehmen ohnehin nicht allzuviel Zeug mit. Überall auf den Campingplätzen gibt es Waschgelegenheiten. Außerdem habe ich immer eine kleine Wäscheleine und 20 Wäscheklammern bei mir, denn nicht überall sind diese vorhanden.

Inzwischen nehme ich die übrige Wageneinrichtung in Augenschein. Die Eingangstür ist gleich hinter dem Führerhaus. Gerade gegenüber sind der Herd und der Kühlschrank. Ich kann nur jedem raten, die Tür des Kühlschranks zu verriegeln und dieses niemals zu vergessen, kamen mir doch auf einer anderen Reise – weil ich in dieser Beziehung nachlässig gewesen war – sämtliche Eier zerbrochen entgegen. Jeder kann sich, glaube ich, den Matsch vorstellen. Beim längeren Aufenthalt sollte der Kühlschrank immer von Batterie- auf Gasbetrieb umgestellt werden, er verbraucht enorm viel Strom. Auf den Campingplätzen hat man fast überall Stromanschluß, so daß man dann seine Geräte, Herd, Kühlschrank und Lampen an das öffentliche Elektrizitätsnetz anschließen kann und kein Propangas benötigt, mit dem man übrigens auch eine kleine Heizung betreiben kann, die wir aber bisher auf keiner Reise benutzen mußten.

Das hintere Ende des Wagens nimmt die Wohnecke ein. In Hufeisenform sind die Sitzbänke mit Polstern angebracht, davor steht ein recht großer Tisch, der auf eine Metallsäule gesteckt ist. Unter den Sitzbänken ist

Stauraum für Lebensmittel wie Kartoffeln, Zwiebeln, eventuell Getränke und Dosenvorräte. Auch Schuhe bringe ich gern dort unter.

Links neben der Eingangstür ist ein winziger Kleiderschrank. Für den Notfall nehmen wir nur ein Jackett und ein oder zwei Kleider mit. In der Tiefe des Schrankes stehen ein Eimer, Schaufel und Handfeger, außerdem ein Besen in einer Halterung. Unter dem Herd – wir haben dieses Mal keinen Backofen – ist der Geschirrschrank mit dem nötigsten Geschirr und den Bestecken. Die Spüle ist oberhalb des Kühlschranks.

Über dem Führerhaus gibt es noch einmal zwei Schlafplätze. Wir benutzen diese als Ablageplatz für die Schlafsachen. Für Rolf ist es sehr beschwerlich, dort hinaufzuturnen, da er zwei kaputte Knie hat, die mit Splittern aus dem Kriege und durch Abnutzungserscheinungen Beschwerden machen. Wir zwei allein haben also reichlich Platz und könnten sogar noch tanzen. Der Fußboden unseres Wagens ist mit hellbraunen PVC-Platten ausgelegt. An alles ist gedacht, und wir werden uns bestimmt bald heimisch fühlen.

Eine Maorifrau bringt mir 4 Schlafsäcke und noch ein Unterbett, 4 Kopfkissen, Handtücher, Geschirrhandtücher usw. Vier Schlafsäcke sind schon gut für uns, so können wir jedenfalls nicht erfrieren. Die Frau ist ganz lieb und wischt hier noch einmal mit dem Lappen über den Herd und dort noch einmal über die Spüle.

Da ist Herr Brehmer auch schon mit dem Fahrrad da. Im Büro trinken wir gemeinsam noch einen Kaffee, und er zeigt uns den Weg zu sich nach Hause auf der Karte. Wir machen ihm klar, daß das Rad in den "Laster" paßt, und das Verstauen klappt. So fahren wir zu dritt zum Haus der Brehmers. Bin ich froh, nicht vorn im Führerhaus sitzen zu müssen. Ich halte lieber das Fahrrad fest. Nein, Spaß beiseite: es ist gut, in dieser hektisch wirkenden Großstadt einen Ortskundigen neben sich zu haben.

Wir hätten die Straße, in der Brehmers wohnen, allein sicher nicht so schnell und problemlos gefunden.

Unser Diesel macht Rolf ganz schön zu schaffen. Der zweite Gang will noch nicht so wie Rolf will. Ab und an töne ich aus dem Hintergrund, wenn es um eine Ecke geht: "Links müßt ihr steuern!" Ich darf gar nicht so genau auf die Straße schauen. Aber wir kommen wohlbehalten an.

Auf der Fahrt zu Brehmers haben wir in einem Supermarkt schnell das Nötigste eingekauft: Margarine, Öl, Salz, Kartoffeln, Nudeln, Aufschnitt usw. Ich falle fast in Ohnmacht, als ich die Preise sehe. Fleisch und Butter sind allerdings um die Hälfte und mehr billiger, aber die Milch ist bereits wieder um ein Drittel teurer als bei uns. Gut, daß wir nicht mehr den Appetit von Zwanzigjährigen haben! (Eine Salatgurke kostet umgerechnet über 2 Mark, eine kleine Dose Bohnen 2,50–3,00 DM). Ein kurzer Blick in ein Wollgeschäft läßt mich erblassen: Wolljacken und Pullover, allerdings handgestrickt, kosten bald 300,00 DM. Eine neue Jacke ist also gestrichen! Kinderkleidung hingegen ist wieder recht preiswert. Das Ein- und Ausparken mit dem "Riesenschlitten" treibt Rolf die Schweißperlen auf die Stirn. Ich möchte nicht in seiner Haut stecken.

Frau Brehmer hat schon einen Lunch vorbereitet. Es gibt Quiche, Brot, Butter usw. Das Ehepaar ist so nett zu uns.

Herr Brehmer ist 1934 aus Deutschland ausgewandert, war erst in Schottland und ging dann nach Neuseeland. Zunächst arbeitete er auf einer Farm, studierte dann an der Universität in Auckland und wurde Lehrer. Seine Frau ist in Neuseeland geboren. Ihre Vorfahren waren Engländer. Ihre Mutter ist aus Australien mit 8 Jahren nach Neuseeland gekommen.

Inzwischen ist Herr Brehmer pensioniert. Nachdem die fünf Kinder aus dem Haus sind, machen sie auch viele Reisen. Sie kennen Deutschland einschließlich der DDR sehr gut. Das letzte Mal waren sie 1985 da. Er ist erst vor einigen Tagen von den Philippinen zurückgekommen, wo er vier Wochen verbrachte.

Herr Brehmer macht uns auch etwas mit der neuseeländischen Politik vertraut. Im Augenblick ist eine Labourregierung im Amt, die aber sehr konservativ ist und somit viele ihrer Wähler enttäuschte. So gibt es zur Zeit einen Riesenstreit darum, ob vier von der Marine geforderte Fregatten, hochbestückt mit Elektronik, gekauft werden sollen. Der Wert würde zwei Milliarden Dollar ausmachen. Die Bevölkerung sieht dafür keine Notwendigkeit und steht auf dem Standpunkt, daß dieses Geld besser in die Arbeitslosenversorgung, die Ausbildung, Erziehung und in das Gesundheitswesen investiert werden sollte.

Später erleben wir einen Streik von Ärzten und Pflegepersonal. Auf einem Flugblatt wird plastisch erklärt: "Wir verkaufen Neuseeland, damit wir uns 4 Fregatten kaufen können." Außerdem steht es zum Teil schlimm um einige Banken. Während unserer Anwesenheit erleben wir gerade, daß die Bank von Neuseeland im vergangenen Jahr riesige Verluste gemacht hat und nun die Rettung nur im Verkauf an eine australische Gruppe gesehen wird. Nach langem Streit hat sich aber die Regierung entschlossen, die Bank nochmals zu stützen und nicht zu verkaufen. Schlecht soll es auch um die Sparkasse von Auckland stehen. Sie ist inzwischen von australischen Interessenten aufgekauft worden. Allerdings hat die Regierung viel getan, um den Maoris zu ihren Rechten zu verhelfen. Die Maoris sind jetzt meist friedfertig, und es findet eine gute Integration zwischen allen Rassen statt, so daß es Probleme, wie etwa in Südafrika, nicht gibt. Daß die Regierung fast alle staatlichen Unternehmen verkauft hat, wird ihr von den potentiellen Labourwählern übelgenommen.

Gerade als wir aufbrechen wollen, trifft noch eine Frau mit ihrem Kind ein. Sie sind erst vor einem Jahr aus Hof in Deutschland nach Neuseeland übergesiedelt. Der Junge findet sich schon recht gut in der Schule zurecht. Sie haben den Schritt nicht bereut. Wie sie uns sagt, kamen sie hierher, um der Atom- und Umweltverschmutzung in ihrer Heimat zu entgehen. Hoffentlich haben sie bedacht, daß sie sich die erhöhte Bedrohung der Menschheit durch das "Ozonloch" in diesem Teil der Welt eingehandelt haben könnten.

Wir plaudern und plaudern – und sind endlich um 15.30 Uhr abfahrbereit. Brehmers versorgen uns mit Straßenkarten und geben uns viele Tips.

Endlich starten wir. Rolf hat so seine Probleme, unsere Riesenlimousine auf dem engen Hofplatz zu wenden und durch den schmalen, von Palmen begrenzten Weg zur Straße zu gelangen. Der Briefkasten am Eingang zum Grundstück hätte um ein Haar nicht überlebt.

Frau Brehmer hat uns zum Abschied noch so viel zu essen mitgegeben, daß das Kochen im Wagen heute abend erst einmal ausfällt.

Brehmers wohnen zum Glück im nördlichen Bezirk der Stadt, was uns sehr entgegenkommt, da wir zuerst den Norden der Insel besuchen wollen. Auf Anhieb finden wir die Auffahrt zum Motorway (Autobahn) und sind erst einmal froh, daß der Verkehr allmählich abebbt, denn immerhin kommen wir in die "rush hour". Schließlich endet die Autobahn, und der Verkehr beruhigt sich zusehends. Wir fahren heute noch bis Parakai bei Hellensville.

An diesem Ort befinden sich heiße Mineralquellen. Wir finden einen ganz kleinen privaten Campingplatz, der eine eigene Quelle hat, die von den Gästen kostenlos benutzt werden kann. Wir machen davon reichlich Gebrauch. Unsere Wirtsleute, die hauptsächlich ein Motel betreiben, sind sehr freundlich. Da die großen Ferien gerade zu Ende gegangen sind, sind wir die einzigen Gäste. Der Platz ist ruhig und sauber. Wir haben zwar elektrischen Anschluß, aber die Abwässer laufen nicht wie in Kanada in eine eigene Sielanlage. Ein Eimer muß unter den Abwasserabfluß gestellt werden, was aber auch kein großes Problem ist. Ansonsten verfügen die Campingplätze alle über eine Küche mit Herden, Toastern, manchmal sogar Mikrowellenherden und reichlich Spülen, so daß im eigenen Wagen wenig Abwasser anfällt. Man könnte auch in den Gemeinschaftsküchen kochen, ich werde das aber, wie gewohnt, im eigenen Wagen tun.

Vor dem Essen machen wir noch einen Spaziergang und besuchen eine "Dairy" – eine neuseeländische Institution ähnlich unseren "Tante-Emma-Läden" –, die an 7 Tagen in der Woche geöffnet hat. Im Laden ist auch gleichzeitig das Postamt. Wir erkundigen uns nach dem Porto für Postkarten nach Deutschland. Das Wälzen einiger Bücher ergibt, daß eine Karte 70 Cent kosten würde. Unsere ersten Karten frankieren wir entsprechend, um später festzustellen, daß das Porto tatsächlich 1 Dollar 30 beträgt. Nach unserer Rückkehr erfahren wir aber, daß trotzdem alle Karten, auch die unterfrankierten, angekommen sind. Hätten wir das unterwegs schon gewußt, wir hätten viel Geld sparen können. So haben wir etwa 100 Dollar für Postkarten und Porto ausgegeben.

Hellensville, die nahegelegene Stadt, hatte in der Vergangenheit große Bedeutung als Holzverladehafen. Nach Rückgang des sehr starken Exports der Kaurihölzer ging die Nutzung des Hafens immer weiter zurück. Die Stadt macht auch einen etwas verträumten Eindruck. Sie spielt nur noch für die Umgebung als Einkaufs- und Servicezentrum eine Rolle. Früher war sie Endstation der Eisenbahn nach Auckland. Von hier aus konnte man per Schiff weiter nach Norden über die große Kaipara-Bucht fahren. Bis vor kurzem war hier eine große Butterfabrik – wie die Neuseeländer Molkereien bezeichnen – angesiedelt. Sie ist jetzt stillgelegt worden, da es billiger ist, die

Milch von Hunderten von Landwirtschaftsbetrieben 100 km weiter zur Verarbeitung zu einer ganz modernen Großmolkerei nach Paeroa zu fahren.

Hinter unserem Campingplatz liegen ein großes öffentliches Thermalbad und ein Vergnügungszentrum mit einer riesigen, überdachten Wasserrutsche.

Nach unseren mehrmaligen Bädern in den Mineralquellen überkommt uns eine große Müdigkeit. Wir haben ja auch noch Schlaf nachzuholen. Rolf als erfahrener Bettenbauer bewältigt die Aufgabe des Herrichtens unseres Schlafzimmers spielend. Die losen Bretter der Sitzbänke werden zur Schlaffläche umfunktioniert. Der Tisch muß ebenfalls abgebaut und als Bettfläche genutzt werden. Wer darf zu Hause wohl auf seinem Tisch schlafen? Die Polsterkissen dienen als Matratze. Die Schlafsäcke und Kopfkissen hole ich von den unbenutzten Bettflächen über dem Führerhaus herunter. Die hellbraunen Gardinen werden vorgezogen und die Rollos heruntergelassen.

Nach dem Zähneputzen im kleinen Waschraum geht es in Windeseile in die Koje. Oh, ist das gemütlich! Meine kleine Leselampe über dem Bett bleibt heute dunkel.

Mittwoch, 01. 02. 1989

Toll haben wir geschlafen. Unsere "Matratzen" – sonst die Banksitzpolster – waren recht weich und das Bett breit, nämlich so breit wie der ganze Wagen. Nach einem weiteren Bad im Mineralwasserpool geht es heute weiter nach Norden. Wir starten gegen 9.00 Uhr in Richtung Wellsford. Es gibt viel zu fotografieren. Wir durchfahren eine sehr liebliche Mittelgebirgslandschaft mit viel Landwirtschaft, grünen Weiden, Moorhühnern an Straßenrändern, rot-gold blühenden Montbretien und Schafen, Schafen, Schafen.

Die Straße wird zum Teil repariert, so daß manche Strecken etwas abenteuerlich zu befahren sind. Rolf scheucht mich immer wieder zum Fotografieren aus dem Wagen.

Wellsford – unser erstes Ziel – ist ein Mittelpunkt der Landwirtschaft und Holzverarbeitung. Wir fahren an vielen Obstständen vorbei. Im Ort treffen wir einen jüngeren Mann, der, wie sich im Gespräch herausstellt, erst vor sieben Wochen mit seiner Frau und zwei Kindern aus Deutschland in Neuseeland eingewandert ist. Wir können also unsere Unterhaltung in Deutsch fortsetzen. Sie sind jetzt auf der Suche nach einem Haus. Die Preise liegen etwa zwischen 60 000 und 150 000 Dollar.

Rolf schaut übrigens auch immer interessiert die Maklerangebote für diese Holzhäuser an. Ob er noch auswandern und als Schäfer sein Geld verdienen will? Oder möchte er vielleicht Pullover und Socken stricken???

Heute sind in Auckland gerade ihre Container mit den Möbeln und dem übrigen Auswanderungsgut angekommen, erzählt unser Gesprächspartner. Da es in Neuseeland, wie er sagt, überall schön ist, weiß die Familie noch nicht, wo sie seßhaft werden will. Er hat an der Fachhochschule in Esslingen Maschinenbau studiert und will sich in Neuseeland selbständig machen. Die Aussichten dafür beurteilt er günstig.

Ganz plötzlich muß ich ein stilles Örtchen aufsuchen. Mit letzter Anstrengung finde ich eine öffentliche Toilette, die – laut Gedenktafel – im Jahre 1936 in Erinnerung an die ersten Pioniere errichtet wurde. Muß die Not zur Pionierzeit in dieser Hinsicht groß gewesen sein, sonst kann ich mir die gedanklichen Zusammenhänge nicht so recht erklären. Trotzdem bin ich glücklich, davon profitieren zu können.

Nun geht es weiter bis Matakohe, dem Holz- und Gummizentrum Neuseelands, wo wir das "Kolonisten- und Pioniermuseum" besuchen. Es ist sehr interessant. Zwar werden auch die üblichen, uns weniger interessierenden Wohnungseinrichtungen der letzten 100 Jahre gezeigt, dagegen sind wir außerordentlich beeindruckt von den Darstellungen der Holzaufbereitungen – besonders der Kauribäume – und der Gummigewinnung. Die Kauribäume liefern ein hervorragendes Edelholz und erfordern wegen ihrer Größe und Schwere sehr viel Arbeit, Kraft und Anstrengung. Das Holz ist so hart, daß es sogar für Eisenbahnschienen verwendet wurde. Besonders gern wurde es aber für den Schiffs-, Masten-, Häuser- und Möbelbau genutzt. Die Wälder sind inzwischen wegen des Raubbaues sehr gelichtet, und die Restbestände müssen geschützt werden. Mittlerweile finden gewaltige Aufforstungen, insbesondere mit schnell wachsenden Kiefern, statt. Damit wird Neuseeland in die Lage versetzt, die neue Holzgewinnung wirtschaftlich zu nutzen.

Ein gesamter Komplex des Museumsgebäudes ist der Gummigewinnung und -verarbeitung künstlerischer Art gewidmet. Das Harz wurde durch Anzapfen der Bäume oder durch Ausgraben aus dem Boden – ähnlich unserer Bernsteinfunde – gewonnen. "Kaurigum" ist bernsteinähnlich, aber weniger hart, also versteinertes Harz. Es gab in der Vergangenheit eine spezielle Berufsgruppe dafür, die des "gumdiggers". Im Keller sehen wir Riesenstücke des gelbgoldenen Bernsteins und die daraus hergestellten wunderschönen Schmuckstücke.

Nach dieser Besichtigung geht es weiter nach Dargaville. Wir finden hier einen schönen Campground neben einem großen Sportplatz, auf dem kleine und große Kinder Wettkämpfe austragen. Wegen der Hitze müssen diese wohl gegen Abend stattfinden, denn ich kann mir vorstellen, daß die Kinder sonst schlappmachen würden.

Wir schauen ein wenig zu. Da laufen kleine Maoris neben weißen Kindern. Da stehen Maorimütter neben weißen Müttern und feuern ihre Sprößlinge an.

Als wir noch einen Abendspaziergang unternehmen, treffen wir auf ein älteres, im Auto sitzendes Ehepaar, das den Wettkämpfen zuschaut. Ich frage sie, ob ihre Enkelkinder dabei sind. Sie lachen und sagen, daß sie aus Oregon in Amerika kommen und ihren Urlaub hier verbringen. Unser Thema ist natürlich nun klar: wir erzählen von unseren vielen USA- und Kanadaaufenthalten und von unserer 1982er Reise, die uns durch Oregon führte. Am Ende werden die Adressen ausgetauscht.

Dargaville war ein Zentrum für die Kauriholzindustrie sowie Exporthafen für Kauriholz und Kaurigum. Von hier aus ging auch die Fähre nach Hellensville in der Zeit von 1870–1940. Die Stadt wurde von Mr. Dargaville, dem Inhaber der Unternehmungen Joseph McMullen Dargaville, im letzten Jahrhundert gegründet. Jetzt ist sie Einkaufs- und Dienstleistungsmittelpunkt der ganzen Region.

Der Tag ist zu Ende. Tisch runterklappen, Betten bauen!

Und wieder, wie dann täglich, liegt das Rollo des Heckfensters unten, dessen Befestigung in seiner Verankerung so täglich zu unserer sportlichen Pflichtübung wird.

Donnerstag, 02. 02. 1989

Heute starten wir gegen 8.45 Uhr. Zunächst kaufen wir in einem großen Einkaufszentrum ein. Es macht jedesmal Spaß, dieses riesige Angebot in einem anderen Land auf sich wirken zu lassen. Wie wir schon in Auckland feststellen mußten, liegen die Preise über den unsrigen, selbst bei Obst, das es doch reichlich, besonders in dieser Jahreszeit, gibt.

Etwa eine Stunde später geht es weiter nach Norden. Wie wir hörten, soll es nach etwa 30 km bei Kaihu östlich zum Trounson Kauri Park abgehen, den wir nicht versäumen sollten. Da wir fürchten, die Abfahrt zu verpassen, frage ich in einem einsam gelegenen Hotel mit Bar eine Dame, die, wie sich im Gespräch herausstellt, als Barkeeper dort arbeitet, nach dem Weg. Wir sind nahe vor der Abfahrt und erreichen nun den Park, der uns mit seinem urwaldähnlichen Baumbestand sehr beeindruckt. Besonders die riesigen Kauri- und die seltsam anmutenden Farnbäume begeistern uns. Das 35 ha große Gelände wurde von Mr. James Trounson der Regierung zur Verfügung gestellt, die dann noch erhebliches Gelände dazukaufte. So entstand der einmalige urwaldähnliche Park. Ein zweiter, größerer befindet sich etwas nördlicher, den wir auch noch sehen werden, wo die letzten Kauris erhalten bleiben, denn in den vergangenen Jahrzehnten wurde ein großer Raubbau an diesen so gewaltigen Bäumen getrieben. Man sieht auf Schritt und Tritt, wie rücksichtslos der Mensch in die Natur eingegriffen hat. Dieser Waipoua-Park wurde 1952 aufgrund rastloser Bemühungen, insbesondere von Professor McGregor von der Universität Auckland, zum Schongebiet erklärt.

Glücklicherweise wird jetzt in großem Umfang aufgeforstet. Die hundert- oder gar tausendjährigen Kauribäume sind aber nicht mehr zu ersetzen.

Ein mir unbekannter Vogel zwitschert ein sehr rhythmisches, aus drei Tönen bestehendes Lied. Ich wiederhole es, und so führen wir während der ganzen Zeit einen Dialog miteinander. Mal ist der Vogel ganz nahe, ich kann ihn aber in dem dichten Laubwerk nicht sehen. Dann wieder tönt sein Lied aus der Ferne, um es darauf wieder in unserer Nähe erklingen zu lassen. So haben wir beide großen Spaß miteinander.

Im Park treffen wir das amerikanische Ehepaar wieder, mit dem wir uns im Einkaufszentrum in Dargaville unterhalten haben.

Nach einem Rundgang durch den Naturpark fahren wir weiter in Richtung Norden. Der Karte nach ist die Straße nicht asphaltiert. Hoffentlich haben wir keine Reifenpanne mit unserem Campmobil. Die Probleme wären mit Rolfs technischem Verständnis kaum zu bewältigen. Zunächst muß aber erst mal ein "Stopp" eingelegt werden: einer riesigen Schafherde gehört jetzt die Straße.

Weiter geht es durch den Waipoua Forest. In diesem Wald stehen die letzten Reserven von Kauribäumen, die sich ursprünglich über eine Fläche von 1 214 000 ha erstreckten. Jetzt sind es gerade noch 3642 ha. 1858/59 schrieb bereits Ferdinand Hochstetter (österreichischer Geologe, der Neuseeland bereiste): "Es könnte eine Zeit kommen, wo man nicht bloß nach Holz fragt, sondern nach dem Wald." Wie recht er hatte! Der Waipoua Forest ist zwar nicht der einzige Kauriwald, aber der größte und schönste.

Auf schmalem Sandweg geht es an riesigen Kauribäumen vorbei. Beeindruckend sind auch die großen Farnbäume, die – vereinzelt nur noch auf den Fidji-Inseln – sonst einmalig auf der Welt sind.

Nun erreichen wir den größten Kauribaum der Welt. Er liegt ein wenig abseits des Weges. Ein Fußweg ist so angelegt, daß man den Baum aus einer Entfernung von etwa 100 Metern vor sich stehen sieht. Der Baum ist 1200 Jahre alt, hat eine Höhe von 52,6 m und einen Umfang von 12,8 m. Der Anblick ist schon großartig. Wir gehen in seine Nähe – der Mensch ist daneben ein kleiner Wurm.

Natürlich treffen wir auch hier auf Europäer. Dieses Mal sind es Schweizer aus St. Gallen. Wir fotografieren uns gegenseitig. Dann werfen wir noch einen Blick auf den Giganten und wandern zurück zum Hauptweg, wo unser Campmobil steht. Von einem kleinen Hügel winken uns "unsere" Amerikaner zu. Sie halten gerade ein Picknick ab.

Weiter geht die Fahrt bis zu einer Anhöhe, die den Blick auf eine breite Meeresbucht mit einer riesigen Sanddüne freigibt. Das Meer ist ziemlich bewegt. Die Schaumkronen schlagen gegen den schneeweißen Sandstrand. Unter uns am Meer liegen zwei populäre Seebäder: Opanono und Omapere. Wir bewundern die breiten, menschenleeren Strände und überlegen einen Augenblick, ob wir nicht hier einen Campingplatz aufsuchen sollten. Da sich das Wetter aber inzwischen stürmisch und mit Regenschauern durchsetzt zeigt, entschließen wir uns doch, heute noch bis Kaitaia zu fahren.

Unser Weg führt nun nach Osten bis Kaikohe, einem der größten Maori-Zentren. In dieser Gegend fanden vor etwas mehr als 100 Jahren auch eine Reihe von kriegerischen Handlungen zwischen Engländern und Maoris statt.

Von Kaikohe geht der Weg in nördlicher Richtung durch eine landschaftlich sehr reizvolle und waldreiche Mittelgebirgsgegend. Die Landschaft erinnert sehr an den Schwarzwald. Schließlich treffen wir gegen 17.30 Uhr in Kaitaia ein. Dieser Ort entstand als Station zur Missionierung der Maoris im Jahre 1833.

In Kaitaia buchen wir den Campingplatz für zwei Tage, weil wir morgen eine Bustour an das Nordkap, das

Cape Reinga, mitmachen wollen. Außerdem treffen wir mit einer Dame zusammen, die als Lokalredakteurin, Lehrerin und Museumsverwalterin tätig sein soll. Wie sich dann herausstellt, arbeitet sie jetzt im wesentlichen in einem Touristikbüro. Rolf telefoniert noch mit ihr und vereinbart ein Treffen für morgen abend nach unserer Bustour.

Im Waschraum unterhalte ich mich mit einer Waliserin, die mit ihrem Mann ebenfalls Urlaub mit einem Campingbus macht. Sie erzählt mir, daß sie eine große Rinderfarm besitzen, die sie aber jetzt verpachtet haben, damit sie noch viel von der Welt sehen können.

Heute gehen wir früh ins Bett. Die vielen Eindrücke und die verhältnismäßig lange Fahrt haben doch ganz schön müde gemacht.

Auf dem Weg zum Waschraum hat sich Rolf noch eine Beule an sein "Köpfchen" gestoßen. Nachdem ich ihm ein bißchen Trost gespendet habe, "weint" er aber nicht mehr.

Gute Nacht!

Freitag, 03. 02. 1989

Die Nacht war sehr unruhig. Gestern abend hat es furchtbar geregnet und gestürmt. In so einem Wagen hören sich Sturm und Regen natürlich auch noch viel intensiver an. Wir hatten den Camper am Vorabend unter einer Weide abgestellt. Die Zweige berührten das Wagendach und schlugen gegen die Fenster. Trotzdem war es unheimlich gemütlich, weil man ja die Ursachen der Geräusche kannte. Allerdings fehlte wegen der geschlossenen Fenster die frische Luft. Beim Öffnen der Fenster regnete es herein. Köpfchen, Köpfchen! Ich drehte das Seitenfenster vom Führerhaus herunter, über das ja der Aufbau des Wagens ragt und wartete. Kein Tropfen kam ins Auto. Wir waren gerettet und brauchten nicht zu ersticken!

Rolf ist wie üblich früh aus den Federn! Er will sich mit mir unterhalten und schafft es auch, mich munter zu bekommen. Um 9.15 Uhr sollen wir vorn am Eingang des sehr gepflegten Platzes sein. Man hatte uns abgeraten, mit dem eigenen Wagen zum nördlichsten Punkt, nach Cape Reinga zu fahren, und den Bus empfohlen, der täglich diesen Weg zurücklegt. Für 31 Dollar pro Person reisen wir also zum Rentnertarif. Hoffentlich regnet es unterwegs nicht so viel. Zunächst fahren wir die Hauptstraße von Kaitaia entlang und nehmen überall noch Fahrgäste auf.

Kataia hat 5000 Einwohner. Das Land, auf dem die Häuser des Ortes stehen, es sind 250 ha, wurde von den Maoris für 80 Wollaken, 70 Beile, 30 eiserne Töpfe, 40 Eisenpfannen, 30 Scheren, 10 Haken für den Wal- und Haifischfang, 2000 Haken für den Fischfang und 23 kg Tabak an die Weißen verkauft.

Hinter der Stadt endet die "1", und weiter geht es nördlich. Irgendwann biegt der Fahrer, ein Maori, links ab und fährt bis ans Meer nach Waipapakauri Beach. Auf einem Campingplatz empfängt der Fahrer Verpflegung für uns. Genau unter unseren Sitzen werden die Kisten verstaut. Rolf lamentiert unentwegt, wann es denn nun endlich Lunch gäbe, dabei ist er noch zu dick und hat die Schnalle seines Gürtels noch immer nicht wieder im letzten Loch. Zurück auf der Hauptstraße, die oft so eng ist, daß keine zwei Wagen aneinander vorbei können, dazu voller Schotter, kommen wir bis nach Houhora. Ich hatte mir gewünscht, hier zu halten, denn dort gibt es das Wagner-Museum, das von Frau Evans' Onkel gegründet wurde. Außerdem steht hier das Haus, das Frau Evans' Ur-Urgroßmutter gebaut hat, die übrigens in Uelzen geboren wurde.

Die Ur-Urgroßmutter von Frau Evans verlor mit zwei Jahren ihre Eltern; die nächsten vierzehn Jahre ihres Lebens sind nicht nachweisbar. Im Alter von sechzehn Jahren tauchte sie in Lüneburg auf. Dort heiratete sie, bekam drei Kinder und wurde bald Witwe. Sie heiratete ein zweites Mal und wanderte mit ihrem aus dem Baltikum stammenden Mann aus. Die Straße in Uelzen und auch das Haus, wo die Ur-Urgroßmutter geboren wurde, gibt es noch. Wir werden einmal versuchen, ob in irgendwelchen Kirchenbüchern oder ähnlichem herauszufinden ist, ob sie vielleicht in den fehlenden vierzehn Jahren bei Pflegeeltern aufgewachsen ist.

Neben den allgemeinen Dingen aus Großmutters Zeiten sehen wir im Museum eine wunderbare Steinsammlung, eine Schmetterlingssammlung und viele alte Klaviere, Pianola genannt, mit einer Metallscheibe oder einer Walze und andere Musikmaschinen, die uns der jetzige Museumsleiter auch vorführt. Ich unterhalte mich mit ihm und erfahre dabei, daß vor einiger Zeit das Museum gebrannt hat und eins der Klaviere zu Schaden kam. Es ist schon erstaunlich, was alles zusammengetragen wurde. Von den Maoris sehen wir Kunstgegenstände. Außerdem sind Dinge aus der Walfangzeit zusammengetragen.

Draußen gehen wir durch ein geschnitztes Maoritor. Es

soll Glück bringen, darunter zu stehen. Wir gehen hindurch zur Meeresbucht. Gegenüber sehen wir den 245 m hohen Mount Camel. Kapitän Cook taufte ihn 1769 so; er war für ihn ein wichtiger Navigationspunkt.

Weiter geht nun die Fahrt durch hügeliges Land. Man könnte es mit Irland vergleichen. Schafe über Schafe und große Rinderherden weiden auf den Wiesen. Mitten in der Landschaft liegen die einzelnen Farmen, Wände und Zäune weiß getüncht. Dann wieder wird der Weg sehr eng, und es geht steil bergan. Die ganze Strecke ist kurvenreich. Hin und wieder schimmert das blaue Meer in der Ferne – links die Tasman-See und rechts der Pazifik.

Unvermittelt sind wir am Ziel. Stahlblau liegt das Meer unter uns. Weiße, gewaltige Schaumkronen lassen das Wasser noch blauer erscheinen. Vorgelagerte kleine Felsenriffe, wovon eines wie ein badendes Nashorn aussieht, lassen die Küste schroff wirken. Wir haben Glück, die Sonne strahlt nur so vom Himmel herunter. Ich kann mich gar nicht satt sehen an dem klaren, strahlenden Blau des Wassers. Nun verstehe ich die Sage der Maoris.

Als das "Ende der Welt" erschien ihnen das Cape Reinga. Reinga bedeutet "Ort des Absprungs". Die Maoris glauben, daß die Seelen der Toten zu diesem Ort eilen, um von dieser Stelle aus Abschied von ihrem Land zu nehmen. Die Seelen lassen sich ins Meer gleiten.

Bei den Three Kings Islands, die wie heute bei gutem Wetter vom Festland aus als graue Felsen sichtbar sind, tauchen sie noch einmal aus den Fluten auf, um Atem zu holen und sich noch einmal dem Festland rückblickend zuzuwenden. Ein allerletzter Gruß, um dann in das unendliche Meer in Richtung Polynesien, der Heimat ihrer Vorfahren, zu entschwinden. Die Seelen werden auf den "Inseln der Seligen" ihre ewige Ruhe finden.

Und auf dem Weg der "toten Seelen" fahren wir nun heute – wenn auch in umgekehrter Richtung.

Sofort eile ich zum Leuchtturm, um zu fotografieren. Wie immer ist im unpassendsten Moment natürlich der Film zu Ende.

Viele Leute drängeln sich um den Turm und den dort befindlichen Wegweiser, der einige Metropolen dieser Welt und die Entfernung dahin in km anzeigt. Nach Hamburg ist der Weg allerdings nicht ausgewiesen, aber z. B. nach dem uns am nächsten liegenden London. Trotzdem bin ich erstaunt, daß hier alle wissen, wo Hamburg liegt. In Kanada hatten nur wenige eine Vorstellung davon.

Kapitän Cook meinte, daß das North Cape der nördlichste Punkt Neuseelands sei. Das stimmt aber nicht. Es ist weder Cape Reinga noch das North Cape, sondern es sind die Surville Cliffs.

Der ursprüngliche Leuchtturm stand südwestlicher auf dem Cape Maria van Diemen. Dieser Punkt war schwer zu erreichen, und man entschloß sich im Jahre 1939, ihn aufzugeben und den Leuchtturm an seinem jetzigen Standort aufzubauen, wo er 1941 seinen Betrieb aufnahm.

Wir müssen uns beeilen, denn in 20 Minuten sollen wir wieder beim Bus sein. Schade, hier könnte ich einen ganzen Tag am Steilufer sitzen, in das so blaue Meer schauen und träumen und beobachten, wie sich die tasmanische See mit dem Pazifischen Ozean vereinigt.

Beim Bus angekommen, erhält jeder ein Tablett mit einem tollen Essen, das aus einem Steak mit Nudelsalat und Pudding als Nachtisch besteht. Zu trinken gibt es Cola und Obstsäfte. Uns schmeckt es an der frischen Luft und bei dem herrlichen Sonnenschein vorzüglich.

Die Abfahrt verzögert sich. Der zweite Bus scheint nicht in Ordnung zu sein. Die Fahrer basteln gemeinsam an ihm herum; endlich geht es los. Die Rückfahrt soll an der "Ninety Mile Beach" entlangführen. Nachdem wir eine Weile bergauf und bergab gefahren sind, kann der vorausfahrende, offensichtlich beschädigte Bus nicht weiter. Auf halber Höhe bleibt er stehen. Die Fahrgäste müssen alle aussteigen und kommen mit zu uns in den Wagen. Jetzt wird es eng. Gut, daß wir nicht stehen müssen. Nach der Steilküste biegen wir rechts von der Straße ab und fahren an den Strand. "Alles aussteigen!" Vom Wasser ist vorerst weit und breit nichts zu sehen. Riesige, haushohe Dünen versperren die Aussicht. Die meisten Mitreisenden erklimmen die hohen Sandwälle, aber Rolf kann das seines Knies wegen nicht mitmachen. So "opfere" ich mich und bleibe bei ihm. Ich ziehe meine Schuhe aus und plantsche in dem Wasser, das sich hinter den Dünen angesammelt hat.

Ein Ersatzbus kommt, und wir können die Fahrt "erleichtert" fortsetzen. Die Dünen verschwinden, und nun geht es immer am Wasser entlang oder durch das Wasser hindurch. Menschenleer ist der Strand die ganzen vielen Kilometer lang. Einige vereinzelte Wanderer winken uns fröhlich zu, sonst ist weit und breit kein Tier, kein Haus, kein Mensch zu sehen. "Ninety Mile Beach" wird dieser unendliche weiße Strand genannt. Er ist 150 bis 300 m breit und teilweise so fest, daß er mit dem Auto befahren werden kann. Die Fahrer kennen sich aus und wissen genau, wann es besser ist, ins seichte Wasser auszuweichen. Sie müssen gut über Ebbe und Flut Bescheid wissen. Da wir nicht selbst fahren müssen, genießen wir besonders diese Fahrt an der tasmanischen See entlang. Immer wieder ragen aus dem Meer felsige Vorgebirge heraus.

Zu Beginn des 19. Jahrhunderts lebte der Maori Te Houtaewa mit seiner Familie am nördlichsten Zipfel des Strandes. Er galt als der schnellste Läufer aller Zeiten, schaffte er doch die ganze Strecke von etwa 100 km an einem Tag hin und zurück, um in Ahipara von einem feindlichen Stamm zwei Körbe voll Süßkartoffeln für seine hungernde Familie zu stehlen.

Die "Ninety Mile Beach" verdankt ihr Entstehen den

Kräften von Wind und Meer, die durch Aufschwemmung und Verwehungen riesiger Sandmengen nach der letzten Eiszeit eine Landverbindung zwischen dem "Festland" und den kleinen Felsinseln geschaffen haben. Bis über 100 m erheben sich die Dünen, die inzwischen teilweise mit Gras und Lupinen bepflanzt wurden, um sie am Wandern zu hindern.

Wir erreichen wieder den Campingplatz, wo wir heute morgen die Verpflegung erhalten haben, und verstehen, daß wir hier eine halbe Stunde Aufenthalt haben und eine Tasse Tee trinken können.

In das Englisch, das hier in Neuseeland gesprochen wird, müssen wir uns erst "einhören". Kiwienglisch nennen die Neuseeländer launig selber ihre Sprache. Wir bekommen oft ein Lob wegen unseres in der Schule gelernten und von uns praktizierten guten "Oxfordenglisch" zu hören.

Durch Zufall bekomme ich mit, daß der angekündigte Aufenthalt aber nicht für uns gilt. Schnell holen wir unsere Sachen aus dem Bus und gehen zu einem anderen bereitstehenden. Allerdings sind wir nicht die einzigen "Kann nit verstahn's". Ich sage schnell anderen Fahrgästen Bescheid, die inzwischen im Imbißraum bei Kaffee und Tee sitzen. Das ging noch einmal gut! Selbst unsere Campingbekannten aus Wales hatten es nicht richtig verstanden, daß wir aus Kaitaia in einen anderen Bus umsteigen sollten.

Als wir an unserem Campingplatz angekommen sind, kommt Frau Evans gerade mit dem Motorroller angebraust. Ich koche uns im Wagen eine Tasse Kaffee. Dazu gibt es ein paar Kekse. Wir übermitteln Frau Evans Grüße von Hohls aus Großhansdorf. Sie fragt uns, ob wir Interesse an dem "Innenleben" eines neuseeländischen Hauses hätten. Ihre Eltern wohnen nur 200 m von hier entfernt. So besuchen wir das ältere Ehepaar. Frau Evans, die ältere, war früher Lehrerin und hat ein Buch über die Einwanderung ihrer Vorfahren und deren Leben geschrieben. Ich bitte sie, es mir doch einmal zu schicken, da im Haus keins mehr vorhanden ist und sie es mir daher nicht gleich mitgeben kann.

Die Häuser sind, wie in Kanada, aus Holz gebaut. Ein winziger Heizofen genügt, um bei eventueller Kühle die Räume zu erwärmen. Einen Winter wie bei uns gibt es nicht. Hier im Norden herrscht oft tropisches Klima. Sonst sind die Einrichtungsgegenstände ähnlich wie bei uns. Kellerräume kennt man allerdings ebensowenig wie in Kanada oder Südafrika.

Die junge Frau Evans, Judith mit Vornamen, geht mit uns den Weg zurück und erzählt uns unterwegs, daß sie durch eine Aktienspekulation 20 000 Dollar verloren hat. Um den Verlust wieder auszugleichen, hat sie zwei Jobs angenommen. Am Tage arbeitet sie bei "Fullers", dem Reisebüro, mit dessen Bus wir heute unterwegs waren. Nebenbei ist sie als Steuerberaterin tätig. Sie möchte gern in zwei Jahren wieder so viel Geld zusammengespart haben, daß sie sich dann ein Häuschen leisten kann.

Vor einigen Jahren war sie in Berlin, arbeitete in einem Krankenhaus, um die deutsche Sprache zu erlernen. Sie kann sie noch vortrefflich. Das ist ganz erstaunlich, zumal sie kaum Gelegenheit hat, sie hier im Lande zu sprechen. Von Beruf ist sie Lehrerin für Taubstumme. Sie hat diesen Beruf auch in Auckland ausgeübt. Da die Sehnsucht nach ihrer Heimat Kaitaia zu groß war, ging sie wieder hierher zurück, wo es aber eine derartige besondere Schule nicht gibt. Judith verabschiedet sich von uns, und wir kehren auf den Campingplatz zurück.

Wir müssen uns eigentlich einmal den südlichen Sternenhimmel ansehen. Wißt ihr eigentlich, daß die Sonne im Osten aufgeht, aber dann ihren Weg nördlich nimmt? Darauf soll man nun erst einmal kommen! Ob der Mond auch anders herum steht beim Zu- und Abnehmen? Ich weiß es noch nicht, aber darüber zerbreche ich mir ein anderes Mal den Kopf.

Sonnabend, 04. 02. 1989

Heute morgen wird es wieder Zeit, den Kopf unter die Dusche zu stecken. Frisch gewaschen, gefrühstückt und voll guter Laune, bringe ich den Engländern aus Wales, die wir gestern trafen, unsere Adresse. Vielleicht führt sie der Weg einmal nach Hamburg, oder wir besuchen sie, wie vereinbart, in England.

Ab geht die Fahrt in die Stadt. 450 km sind wir bisher gefahren. Für 37 Dollar wird zum ersten Mal vollgetankt. Treibstoff ist wesentlich billiger als bei uns. Außerdem ist der Dieselverbrauch offensichtlich sehr gering.

Das Museum hier am Ort ist leider geschlossen. Noch einmal kaufen wir Milch und Postkarten. Judith ist in dem Reisebüro sehr beschäftigt, kommt aber trotzdem für einen kurzen Augenblick nach draußen, damit ich sie noch schnell fotografieren kann. Lebe wohl, Kaitaia! Es war wunderschön hier an der nördlichsten Spitze von Neuseeland.

Am Ende der "1" geht es rechts ab durch eine herrliche Landschaft. Wir benutzen jetzt die "10". Sie führt uns immer an der Ostküste des Landes entlang. Diese Straße erinnert mich etwas an unsere Ostseebäderstraße mit den vielen Ausblicken auf das Meer.

Die Europäer hatten übrigens mehr und mehr den nördlichen Teil Neuseelands verlassen, nachdem sie ihn tüchtig ausgebeutet hatten. So wurde Platz für die Maoris, die gern hier siedelten. Ihr Bevölkerungsanteil ist im Gegensatz zu anderen Gegenden hier recht hoch.

In Taipa machen wir halt. Hier an der Doubtless Bay soll Kupe zuerst gelandet sein. Heute ist der Strand von Taipa an der Doubtless Bay ein schöner Ferienort. Wir bewundern den hellen Sandstrand, das flache Ufer, blaues Meer und darüber der blaue Himmel mit weißen Wolken.

Kupe nannte das neu entdeckte Land "Aotearoa", d.h. "Land der langen weißen Wolke". Kupe, der aus Ostpolynesien gekommen sein soll, so berichtet die Maori-Sage, erzählte in Hawaiki, seinem Vaterland, über seine Entdeckungen. Die Erinnerung an das "Land der langen weißen Wolke" blieb im Gedächtnis seines Volkes. Um 1350 machten sich Auswanderer auf den Weg, um mit ihren Kanus das wunderbare Land im Süden zu finden.

Heute meint man, daß das Land Hawaiki den Gesellschaftsinseln entsprechen müsse. Die Besatzungen der einzelnen Schiffe sollen nach Meinung der Maoris die späteren Stämme ihrer Vorfahren gewesen sein. Noch heute "weiß" mancher traditionsbewußte Maori den Namen des Kanus seines Stammes.

Historiker stehen dieser Sage skeptisch gegenüber. Sie meinen, daß um 800 die ersten Siedler aus Polynesien hier eintrafen. Doch Kupe bleibt für die Maoris eine Gestalt ihrer Sagenwelt. In dieser Gegend endete übrigens das erste Überseekabel, das Neuseeland mit Amerika verband.

Weiter geht unsere Reise nach Mangonui, einem anderen Ferienort. Die Besichtigung des auf einem Anlegesteg gelegenen Aquariums ersparen wir uns, da wir so viele gute Aquarien kennen, und alles kann man in den vier Wochen einfach nicht sehen.

Wir können gar nicht verstehen, daß kaum Menschen am Wasser zu finden sind. Gewiß, die Sommerferien sind zu Ende, aber wären wir bei uns, zumal an einem Samstag, der Strand wäre schwarz von Menschen.

Mangonui wurde 1795 von Cook so bezeichnet. Zunächst wurde eine Handelsstation für die frühen Tage der weißen Siedler eingerichtet. Anfang des 19. Jahrhunderts gingen die Walfangfahrten von hier aus. Berichten zufolge haben bis zu 50 Schiffe im Hafen gelegen. Heute sieht man hier hauptsächlich Segelboote.

Weiter geht die Fahrt. Die Küste ist manchmal lieblich und flach, dann wieder reichen hohe Felsen bis ans Wasser heran und geben gerade so viel Platz frei, daß eine

Fahrstraße entlanggeführt werden kann. Treten die schroffen Felsen zurück, wird die Ebene von großen Schafherden belebt, die sich auf den grünen Wiesen tummeln.

In Keao sehen wir aus nächster Nähe die ersten Kiwiplantagen. An einer Obstverkaufsstelle mit angeschlossener Gärtnerei – oder auch umgekehrt – halten wir. Ich frage, ob wir einmal durch die Kiwianbauten gehen dürfen. Wir dürfen. Die Pflanzen werden ähnlich wie Wein angebaut. Bei einer neu angelegten Plantage kann ich gut erkennen, daß die Zweige auch von oben befestigt werden und nicht nur um einen Pfahl herumranken. Die Früchte sind noch nicht reif. Die, die wir hier zu kaufen bekommen, sind ebenso wie bei uns aus dem Kühlhaus. Trotzdem schmecken sie uns gut, zumal sie sehr groß und saftig sind. Ich fotografiere natürlich die Plantage.

Und all die anderen Plantagen! Zitrusfrüchte überall!

In der Gegend werden angebaut: Orangen, Zitronen, Pampelmusen, Kiwis, Mandarinen, Äpfel, Passionsfrüchte, Tamarillos usw.

Die einzelnen Felder sind durch hohe Eukalyptusbaumreihen und andere schnell wachsende Bäume geschützt. Zuerst wußte ich gar nicht, daß hinter diesen haushohen Hecken die Plantagen sind. Man müßte die ganzen Anlagen einmal aus der Luft sehen!

Dann geht es weiter nach Waitangi zu einem Campingplatz.

Zwei Maori-Mädchen, die beide noch zur Schule gehen, empfangen uns und weisen uns einen sauberen Platz zu. Wir halten uns nicht lange auf, sondern eilen schnurstracks zum Strand. Heute findet das Fest der Maoris statt. Wenn die Maoris feiern, feiern sie drei Tage lang. Der erste Tag dient der Begrüßung, und dieses Palaver erleben wir nun mit. Wir haben Glück.

Einmal im Jahr wird des Vertrages von Waitangi (abgeschlossen am 6. Februar 1840 zwischen Engländern und den Maoris) gedacht. Die meisten der Maori-Führer waren zu diesem Vertragsabschluß bereit, andere dagegen nicht.

Einige 100 Meter von unserem Campingplatz befindet sich ein Versammlungshaus der Maori. Dort finden in den nächsten drei Tagen anläßlich dieses Festes sehr interessante Vorführungen und Darbietungen statt. Offensichtlich wird der Ablauf des historischen Ereignisses von 1840 nachgespielt. Man kommt von weit her zusammen. Die Kosten für Verpflegung und Unterbringung werden durch Sammlungen bestritten. Ein Blick in das Versammlungshaus der Maoris zeigt uns, daß die Säle und Zimmer zu Übernachtungsstätten umfunktioniert sind. Bei den Festen werden durch Rede und Gegenrede sich gegenüberstehender Gruppen zunächst die Ereignisse, Todesfälle usw. seit dem letzten Treffen ausgetauscht. Obgleich wir die Wechselreden in der Maori-Sprache nicht verstehen können, nehmen wir an, daß wir gerade Zeugen dieses ersten Teils des Festes werden. Vielleicht wird aber auch das Nachspielen der Ereignisse von 1840 geprobt. Dafür spricht, daß dies in sehr melodischen und rhythmischen Wechselgesängen stattfindet.

Eine Gruppe von ca. 50 Männern jeden Alters führt Tänze mit Attrappen von Waffen und Paddeln vor. Offensichtlich wird intensiv geübt, da die Szenen mehrfach wiederholt werden. Man versucht vor allem, jungen Menschen ihre alten Sitten und Gebräuche wieder beizubringen. Wie wir hören, gingen diese vielfach bereits verloren.

Die Parkplätze sind ringsum dicht belegt. Es finden sich auch abenteuerliche Fahrzeuge darunter, die bei uns sicher nicht mehr durch den TÜV kommen würden. Die Imbißbuden fehlen auch nicht. Eine fällt uns besonders auf, weil der Maori-Verkäufer, ein 3-Zentner-Mann, offensichtlich selbst sein bester Kunde ist. Am Strand finden Wettrennen zwischen Maori-Kanus statt, die mit Maori-Damen besetzt sind. Besonders beeindruckend ist ein gewaltiges Kriegskanu der Maori, das am Strand liegt. Vielleicht erleben wir ja noch, wie dieses interessante, riesige Boot mit vielen schönen Schnitzereien zum Einsatz kommt.

Während ich hier in meinem Tagebuch schreibe, klingen die melodischen Gesänge bis zu unserem Campingplatz herüber. Was haben wir für ein Glück, ausgerechnet heute hier zu sein! Neben unserem Campingplatz liegt noch ein alter Dreimaster mit Namen "TUI" am Strand. Er wird jetzt als Schiffswrackmuseum genutzt. In seinem Inneren befinden sich viele Schmuckstücke, die man aus versunkenen Schiffen geborgen hat.

Der Vertrag von Waitangi vom 06. 02. 1840 garantierte den Maoris ihre Besitzrecht an Grund und Boden, Fischerei, Wäldern usw. Außerdem wurden sie unter den Schutz der britischen Krone gestellt, was aber später die Weißen nicht hinderte, den Maoris ihre Rechte teilweise wieder streitig zu machen. In der Folge fanden dann auch Kriege statt, in denen die Maoris sehr tapfer kämpften, aber natürlich den modernen Waffen der Engländer schließlich unterlegen waren. Das Pikante daran ist, daß die Maoris, zu guten Christen bekehrt, die Sonntage feierten und als kampffrei einhielten, während die Engländer gerade diese Feiertage für überraschende Angriffe als Kriegslist besonders ausnutzten. Wie uns Herr Brehmer erzählte, ist die jetzige neuseeländische Labourregierung aber sehr um Wiedergutmachung bemüht. Wenn man am Hafen von Auckland steht, sieht man zum Beispiel eine Baulücke in der sonst stark bebauten Wasserfront. Es handelt sich hier um Maoriland, das trotz großer Begierlichkeit der Immobilienhändler von den Maoris aber nicht zur Bebauung freigegeben wird. Wie gut, daß es so etwas noch gibt! Allerdings haben die Maoris dafür kämpfen müssen. Sie protestierten, besetzten das Land und wurden oft verhaftet. Danach sprachen die Gerichte ihnen ihr Land rechtmäßig zu.

Unser Campingplatzbesitzer ist auch ein Maori. Er sitzt zusammen mit seiner Frau und einem Jungen am Abend noch vor seinem Büro. Wir gehen zu ihm, um uns über den morgigen Ablauf des Festes zu informieren. Dabei bekommen wir zwar einige Hinweise, aber für ihn viel wichtiger ist das gemeinsame Biertrinken, zu dem er uns beinahe drängt. Er spendiert uns sofort zwei Dosen. Wir können nicht anders und müssen mit ihm trinken. Nur mit Mühe können wir vermeiden, daß die Angelegenheit zu einem Gelage ausartet. Da er nebenan seinen Shop mit viel Bier hat, hätte es leicht dazu kommen können. Auf jeden Fall scheint er sein bester Kunde zu sein. Ob er dabei allerdings auf Dauer auf seine Kosten kommt, wagen wir zu bezweifeln. Für heute haben wir jedenfalls die nötige Bettschwere.

Sonntag, 05. 02. 1989

Nachdem wir heute morgen noch schnell Wäsche gewaschen haben, geht es zunächst zum Treaty House. Es handelt sich hierbei um ein Nationaldenkmal. In diesem Haus wurde am 6. Februar 1840 der Vertrag zwischen den Engländern und den Maoris geschlossen. Im Besucherzentrum wird die Geschichte, die zum Vertragsabschluß führte, in Bild und Ton geschildert. Das Visitor-Center wurde von Prince Charles am 29. April 1983 eröffnet. Zu jener Zeit gehörte das Haus dem englischen General-Gouverneur. Jetzt wird es als Museum zusammen mit einem großen gepflegten Park erhalten, in dem gerade ein Gedenkgottesdienst abgehalten wird. Wie schon gesagt, wird alljährlich des Vertragsabschlußtages durch ein großes Maori-Fest gedacht.

Wir befinden uns nicht nur wegen dieses Ereignisses, sondern auch aus anderen Gründen auf sehr historischem Boden. Etwa um 900 n. Chr. landeten die ersten Vorfahren der Maori aus dem östlichen Polynesien hier. Kapitän Cook kam 1769 zum ersten Male in diese Gegend und war begeistert von den herrlichen Häfen der Bay of Islands. Schnell folgten Walfänger, Händler und Siedler aus England und anderen Teilen der Welt. Die anglikanische Kirche begann bald zu missionieren. Es entstand ein Walfängerhafen in Korareka (heute Russell), in dem es bald rauh zuging. Einige Zeit galt dieser Platz als einer der gefährlichsten am ganzen Pazifik. Abenteurer und der in Strömen fließende Schnaps beherrschten die Szene. Dafür ist der Ort als Ferienplatz an der Bay of Islands heute um so schöner und begehrter.

Wir fahren heute nachmittag vier Stunden mit dem größten Katamaran der Fullerflotte, der "Tiger Lily" in der herrlichen Bay of Islands umher. Als wir einen Parkplatz für unser Campmobil suchen, parken wir direkt neben den Engländern aus Wales, die wir bereits in

Kaitaia trafen. Selbstverständlich machen auch sie die gleiche Tour wie wir auf dem Schiff mit. Die Fahrt ist außerordentlich reizvoll. Sie geht ab Paiha, einem sehr schönen, direkt am Strand gelegenen Ort mit ca. 1 500 Einwohnern, und führt an vielen Inseln mit interessanten Felsformationen vorbei. In der Nähe des Steinkreuzes, das zum Gedenken an den ersten christlichen Gottesdienst, den Samual Marsden am Weihnachtstag 1814 dort in der Oihi-Bay feierte, errichtet wurde, ankern wir, um einen Lunch auf dem Boot nehmen zu können. Wir verzichten allerdings.

Später geht es weiter bis zum Cape Brett, wo wir durch ein vom Meer aus einem Felsen genagtes Loch fahren. Die Maoris sagen dazu, wem das gelingt, dem sei ein langes Leben garantiert. Die Durchfahrt ist wirklich eine seemännische Leistung. Auf den Inseln sind manche sehr schöne Häuser zu sehen, die sicher von wohlhabenden Neuseeländern bewohnt bzw. als Feriendomizil genutzt werden.

Daß wir auf dem Boot noch auf Deutsche aus Hamburg-Lurup stoßen, überrascht uns schon gar nicht mehr. Sie waren erst in Tonga. Von der Insel des dicken Königs sind sie sehr enttäuscht, die dann von ihnen besuchten Fidji-Inseln haben auch nicht ihre Erwartungen erfüllt, von Neuseeland dagegen sind sie begeistert.

Nach der Rückkehr unseres Bootes verabschieden wir uns von den Engländern und fahren zurück auf unseren Campingplatz nach Waitangi. Die Maoris feiern immer noch. Heute sogar mit nächtlichem Feuerwerk.

Ein interessanter Tag ist zu Ende.

Montag, 06. 02. 1989

Heute morgen gehen wir nach dem Frühstück an den Strand und kommen gerade im rechten Augenblick. Die Maoris sitzen bereits in ihrem Kriegskanu. Viele Zuschauer sind zum Teil mit Bussen angereist. Auch das Fernsehen ist tätig. Ich fotografiere ebenfalls eifrig, ist das doch eine einmalige Gelegenheit. Das um so mehr, als dieses riesige Kanu nur einmal im Jahr zu Wasser gelassen wird, und ausgerechnet wir erleben das mit. Auf ein Kommando geht es los. Drei Häuptlingsfrauen stehen am Strand in ihrer Traditionstracht – bunte Röcke, darüber ein weiterer Rock mit Bambusperlen und als Umhang ein weißes Cape mit schwarzen Fäden, im Haar ein Perlenband, ähnlich wie die Indianer es tragen – und stimmen einen klagenden Sprechgesang an. Auf diese Weise verabschieden sie die Krieger, die heute bis zum Platz des Vertrages von Waitangi paddeln. Bald ist das Kanu unseren Blicken entschwunden. Die Zurückgebliebenen marschieren geschlossen über die Brücke zum englischen Gouverneurshaus.

Da wir noch so viel sehen wollen und außerdem an dem Zielplatz, dem Treaty House, gestern schon waren, entschließen wir uns schweren Herzens, doch loszufahren. Auf der Fahrbahn demonstrieren andere Maoris zusammen mit einigen Weißen wohl gegen diese Feierlichkeiten. Sicher möchten sie noch mehr Entschädigungen, obgleich die gegenwärtige Labourregierung schon sehr viel getan hat, um die Ungerechtigkeiten der Vergangenheit zu mildern. Im übrigen haben die Maoris jetzt schon längst die gleichen Rechte wie die Weißen. Man sieht auch häufig Mischlinge sowie viele gemischte Paare. Ich glaube, ganz reinrassige Maoris gibt es ohnehin nicht mehr viele.

Natürlich kurvt Rolf erst einmal in die falsche Richtung. Zwar "führen viele Wege nach Rom", aber in diesem Falle ist eine Umkehr gescheiter. Zunächst geht es am Meer eine herrliche Strecke bis Kawakawa entlang. Hier könnte man überall längere Zeit bleiben, aber wir wollen und müssen ja weiter. Danach führt unser Weg in das Landesinnere bis Whangarei. Diese bedeutende Stadt ist aus einer der ersten weißen Siedlungen entstanden. Selbstverständlich war auch Cook 1769 hier – wo war er eigentlich nicht? Die ersten Siedler kamen 1839 von Russell herüber. Während des Maori-Krieges 1845 wurden die 48 weißen Menschen, die damals dort lebten, kurzerhand in Kuttern nach Auckland gebracht. Nach dem Kriege begann ein schneller und zügiger Wiederaufbau. Inzwischen hat sich dieser Ort zu einer bedeutenden Stadt mit einer Eisenbahnverbindung nach Auckland (seit 1925) und einer sehr guten Straßenverbindung, sowohl in Nord-Südrichtung (seit 1934) als auch in westlicher Richtung entwickelt. 15 km südlich von Wangharei befindet sich in Portland eine bedeutende Zementindustrie. Von hier aus fahren wir weiter nach Waipu, wo wir zu unserer großen Überraschung eine Gedenksäule mit dem schottischen Löwen vorfinden, die unsere Neugier hervorruft. Wie sich herausstellt, sind hier die schottischen Auswanderer von Nova Scotia – früher Neuschottland genannt – unter ihrem Führer McLeod gelandet, die wir in unserem Nova-Scotia-Bericht 1984 erwähnten. Der sehr energische schottische Pastor McLeod leitete in den Jahren 1821 bis 1829 eine schottische Auswanderungsbewegung nach Nova Scotia. Da sie dort nicht bleiben wollten, bauten sie in Kanada Schiffe und zogen wieder über das Meer, um in den Jahren 1851–1859 über Australien schließlich in Waipu seßhaft zu werden. Wir besuchen das Museum und werden dort noch fündig.

Sie kamen mit 6 Booten an und siedelten hier endgültig. Während in Nova Scotia das Gälisch (Celtic College) noch sehr gepflegt wird, ist es hier fast untergegangen. 1984 haben wir das Celtic College besucht und waren davon beeindruckt, wie auch junge Kanadier diese Tradition hochhielten. Auch hier begegnen uns wieder die schottischen Clans. Selbstverständlich finden wir, wie in Nova Scotia, die Familie Morryson wieder. In Deutschland haben wir einen Nachbarn dieses Namens. Selbst die Museumsbetreuerin ist eine Morryson. Die Welt ist doch klein.

Nach einem einstündigen Aufenthalt im Museum geht es nun weiter über Wellford, das wir schon kennen und das mir wegen der "Pionier-Toilette" in dankbarer Erinnerung bleiben wird.

Auf dieser Fahrt machen wir zum ersten Mal die Bekanntschaft mit der neuseeländischen Polizei. Auf der Straße ist viel los, denn heute ist das Ende des verlängerten Wochenendes, und der Rückreiseverkehr nach Auckland ähnelt sehr stark dem sonntäglichen Autostrom im Sommer von der Ostsee nach Hamburg. Ständig haben wir Autoschlangen hinter uns. Auf einmal winkt uns eine motorisierte Verkehrsstreife heran und macht uns klar, daß wir ab und zu über den durchgehenden weißen Randstreifen fahren möchten und den Verkehrsstrom an uns vorbeirauschen lassen sollen. Etwas, was in Deutschland verboten wäre. Eine junge Beamtin, die mit Rolf darüber spricht, ist wohl seinem Charme erlegen. Es gibt keine Ermahnung oder gar Strafe, nur eine Bitte. Am Ende verabschiedet sie sich mit "be careful". So geht es also auch. Vorbild für die deutsche Polizei??

Es folgt Warkworth – ein malerischer Ort. 5 km südlich von Warkworth befindet sich eine Satellitenstation. Diese Erdstation arbeitet mit dem Satelliten INTELSAT IV mit einer Kapazität für 2 Fernsehkanäle u. a. zusammen.

Langsam kommen wir nun wieder bei Waiwera und Orewa an das Meer heran. Es sind beides sehr schöne Seebäder. Am liebsten würden wir noch einmal einen Stopp einlegen, aber wir sind froh, daß wir im Verkehrsstrom sind.

Hinter Silverdale, wo wir in einem großen Fruchtladen noch einmal Obst einkaufen, befahren wir eine kleinere Straße in westlicher Richtung über Hellensville bis Parakai auf unseren alten Campingplatz mit eigener Thermalquelle, wo wir schon die erste Nacht auf unserer Tour zugebracht haben. Die Wirtin erkennt uns sofort wieder, und wir stehen auf dem gleichen Platz wie vor knapp einer Woche. Ein Besuch in der 7-Tage-Dairy ist natürlich wieder fällig. Dabei erstehen wir unser erstes Eis auf der Neuseelandreise.

Ein herrlicher Park in der Nähe lädt zu einem Spaziergang ein. An den Magnolienbäumen, die zum Teil noch blühen und herrlich duften, können wir uns gar nicht satt sehen. Daß der Abend mit einem Bad in der Thermalquelle abgeschlossen wird, ist selbstverständlich. Durch ein Telefongespräch mit Brehmers kündigen wir unseren Besuch für morgen gegen 11.00 Uhr bei ihnen an.

Wieder geht ein ereignisreicher Tag zu Ende. Wir fallen todmüde in die Betten, d. h. auf den Tisch.

Schlaft alle wohl!

Dienstag, 07. 02. 1989

Nachdem wir den Pool ausgiebig genutzt haben, fahren wir nach Auckland zurück. Mir ist ganz komisch im Bauch, wenn ich an die große Stadt und unseren großen Campingwagen denke. Wir sollen zu Brehmers Haus die Ausfahrt in Avondale benutzen. Die Autos rasen nur so an uns vorbei. Für Ortsfremde ein entsetzliches Gefühl! Von einer Ausfahrt "Avondale" keine Spur. Jetzt kommen wir nach Waterview. Im letzten Moment entdecken wir beim Vorbeifahren, daß wir hier doch hätten abfahren müssen. Also die nächste Ausfahrt herunter und dann versuchen, auf die Gegenfahrbahn zu kommen! Bei der Ausfahrt teilt sich die Straße. Ich will links, Rolf fährt rechts, bis wir in eine sehr belebte Geschäftsstraße kommen. Jetzt sind wir ganz hilflos. Wir fahren deshalb auf die nächste Tankstelle und erkundigen uns. Ein junger Mann ist sehr freundlich und zeichnet uns gleich den Weg in einer Skizze auf. Dabei stellen wir fest, daß "links", so wie ich es wollte, genau richtig gewesen wäre. Was macht man nur mit! Wenn der rasende Verkehr nicht wäre und die Parkplatzprobleme mit dem großen Wagen, wäre ja alles halb so schlimm! Na, nun werden wir es schaffen. Wir finden bald die richtige Straße und sind sogar noch 5 Minuten vor der verabredeten Zeit bei Brehmers, was den Herrn des Hauses zu der Bemerkung veranlaßt, er habe seiner Frau schon gesagt, das sind Deutsche, die sind pünktlich.

Frau Brehmer hat Pizzas vorbereitet, die wir genüßlich essen. Dann gibt es noch Brot, Butter und Birnenkompott. Wir sind nudeldick satt. Brehmers haben für unsere weitere Fahrt Karten vorbereitet und geben uns Tips für den heutigen Tag. Inzwischen versucht Rolf pausenlos, Großhansdorf telefonisch zu erreichen. Aber die Nummer nach Deutschland ist immer besetzt. Endlich ertönt das Freizeichen, aber niemand hört. Wahrscheinlich schlafen unsere Nachbarn tief und fest, denn immerhin ist es jetzt schon nach 23.00 Uhr in Deutschland. Danach versuchen wir es mit einem Anschluß mit Stefan. Der klappt. Er freut sich riesig, von seinen Eltern zu hören. Wie er sagt, ist zu Hause alles in Ordnung. Was uns überrascht, ist der günstige Preis von nicht viel mehr als 3 Dollar für das Gespräch um die halbe Welt.

Gegen 14.00 Uhr fahren wir ab. Wir haben riesiges Glück, Herr Brehmer verlädt wieder sein Fahrrad in unseren Wagen und begleitet uns bis zur Auffahrt auf die Autobahn Nr. 1 in Richtung Süden. So finden wir uns auf Anhieb zurecht. Kurz vor der Auffahrt verläßt uns Herr Brehmer samt Fahrrad mit vielen guten Wünschen.

Wieder müssen wir mitrasen, ob wir wollen oder nicht. Wir sind froh, als wir langsam die Peripherie Aucklands erreichen. Der Verkehr nimmt nach und nach ab.

Bei Drury, 30 km von Auckland, endet die Autobahn. Die Landstraße führt dann Richtung Süden, zum Teil am Waikata – dem größten Fluß Neuseelands – entlang, durch Huthy, die "Kohlenstadt", wo vom Riesenkraftwerk Avalmende sehr hohe Fabrikschornsteine in den Himmel ragen. Dann kommen wir nach Ngaruawahia, wo wir von der "1" abbiegen. Könnt ihr derartige Ortsnamen aussprechen? Es ist deshalb kein Wunder, daß wir schon viele wieder vergessen haben. Um so notwendiger ist es, sie in diesem Bericht festzuhalten.

Wir steigen nochmals aus und tätigen einige Einkäufe. Dieser Ort ist historisch von Bedeutung, denn er ist die Residenz der jetzigen Maori-Queen Te Atairangikaahu.

Tatsächlich fand unter dem Druck der weißen Besiedlung Mitte des vorigen Jahrhunderts eine Einigung der unterschiedlichen Maori-Stämme statt, um sich besser der weißen "Eindringlinge" erwehren zu können. Das Land war noch ohne ausgebaute Straßen, so daß die Einigung unter den Maoris ohne größere Störung durch die Weißen verlief. Im Jahre 1858 wurde Te Wherowhero, ein Stammesfürst, der den Vertrag von Waitangi von 1840 mit den Engländern nicht unterzeichnet hatte, nach seinen gelungenen Einigungsbemühungen zum 1. Maorikönig mit dem Titel "Potatau, King von Neuseeland" auf einer Maori-Versammlung in Taupo ausgerufen. Der alternde Monarch starb 1860. Nach seinem Tode folgte sein Sohn Tawhiao als "Potatau II", der 1894 starb. Die jetzige Königin ist eine Nachfahrin.

Die Maoris führten nun sehr heftige Kriege gegen die Weißen. In den Jahren 1863/64 "säuberte" General Cameron mit 20 000 Soldaten das Gebiet und vertrieb die Maoris nach dem Süden und Westen. Das Land wurde zugunsten der Weißen enteignet. Das Gebiet trägt noch immer den Namen "King Country".

Unsere Reiseroute führt weiter nach Otorohanga. Ursprünglich war dieser Ort eine aus drei- bis fünftausend Einwohnern bestehende reine Maori-Siedlung – die nördlichste Stadt des ursprünglichen Maori-Königreiches. Im Jahre 1880 kamen die ersten weißen Siedler. Das ganze Gebiet macht einen lieblichen Eindruck mit seinen schmucken Farmhäusern, grünen Wiesen, vielen Rinder-, Ziegen- und Schafherden. Die Sauberkeit und Gepflegtheit fallen ins Auge.

Endziel unserer heutigen Tagesreise ist Waitomo Caves. Morgen früh wollen wir mit der ersten Führung um 9.00 Uhr die weltberühmte Glühwürmchenhöhle besuchen.

Neben uns steht ein Campingwagen mit jungen Leuten aus Arizona mit einem eineinhalbjährigen Kind. Ist doch toll, was die Amerikaner mit so einem kleinen Kind, das sehr zufrieden scheint, alles anstellen. Wir werden noch mit den Resten von Kartoffeln und Reis beschenkt, denn ihre Reise ist morgen zu Ende. Zum Glück sind es keine Süßkartoffeln, die wir natürlich auch schon probiert haben, aber doch nicht so gern mögen.

Wir gehen in den gegenüberliegenden Laden und sehen uns wieder einmal die "gifts" (Geschenke) an. Aber nichts spricht uns so sehr an, daß wir es kaufen, außer einem Buch mit vielen Bildern aus Neuseeland.

Danach machen wir auf einem kleinen Berg noch einen Spaziergang, um zu ergründen, wie weit es bis zu den Höhlen ist und wie es dort mit dem Parkplatz, den wir ja morgen brauchen, bestellt ist.

Und nun ab ins Bett, fertigmachen zum Schlafen, das Rollo aufhängen und Augen schließen.

Mittwoch, 08. 02. 1989

Beeilung, Beeilung, wir dürfen die Zeit nicht verplempern, sonst verpassen wir die erste Führung. Zu unserer Überraschung sind auch wieder die Amerikaner mit ihrem kleinen Kind dabei. Und sonst: Deutsche, Deutsche, Deutsche!

Die Höhle soll 100 Stufen abwärts führen. Rolf wird ganz blümerant zumute. Wir erkundigen uns schnell, ob er mit seinem lädierten Knie die Besichtigung mitmachen kann. Sie ist aber gut begehbar.

Die Höhle wurde 1887 durch Zufall bei einer Fahrt auf dem unterirdischen Fluß entdeckt. Den Maoris war sie schon lange bekannt und galt ihnen als heilig. Deshalb wurde sie nicht betreten.

Wir kommen durch verschiedene Felsenhöhlen. Bis dahin haben wir schon Vergleichbares gesehen. Was wir aber dann am Ende in der Glühwürmchengrotte, die etwa 30 m lang und 12 m hoch ist, sehen, ist mit Worten nicht zu beschreiben. Die Höhle besteht aus einem unterirdischen Fluß, den man mit einem Boot, das an Drahtseilen durch die Finsternis gezogen wird, befährt. Unzählige Glühwürmchen leuchten an der Höhlendecke wie funkelnde Juwelen. Es handelt sich dabei um die fast durchsichtigen Larven einer Insektenart. Die Larven produzieren seidenartige Fäden, an denen kleine, klebrige Tröpfchen sitzen. Dadurch hängen sie straff herunter, halten und betäuben die herumschwirrenden kleinen Insekten, die von dem Leuchten angelockt werden. Die Larve zieht den Faden mit den daran klebenden Insekten zu sich heran und frißt das Opfer. Anschließend wird ein neuer Fangarm ausgeworfen.

In der Nähe der Glühwürmchenhöhle gibt es noch zwei weitere Höhlen, die wir uns aber ersparen, da wir schon viele bei früheren Reisen besichtigt haben, zum Beispiel in Irland, Kanada usw. Statt dessen fahren wir in westlicher Richtung weiter und besuchen als nächstes die "Mangapohue Natural Bridge". Merkwürdigerweise finden wir diese in keinem Buch beschrieben. Es regnet ein wenig.

Zunächst müssen wir durch hohes Gras stapfen und über einen Zaun klettern. Glücklicherweise ist wenigstens ein Stufentritt vorhanden. Dann geht es ein kleines Stück durch einen Urwald. Wie beruhigend ist es doch, keinem Bären begegnen zu können!

An hohen Felsen gehen wir "immer an der Wand lang". Der Weg ist schlüpfrig, aber wir lassen uns Zeit. Rechts neben uns liegt ein Fluß. Dann geht es über eine schwankende Hängebrücke. Ein Schild macht darauf aufmerksam, daß nicht mehr als 4 Personen diese Brücke gleichzeitig betreten dürfen. Ob ich Rolf wohl den Vortritt lasse! Schließlich könnte sein Gewicht dieser Anzahl entsprechen, zumal ich nicht weiß, an welche Personen man gewichtsmäßig gedacht hat. Dann, als Rolf am anderen Ende angekommen ist, betrete auch ich die wackeligen Bretter. An der Seite sind zum Glück Drahtseile gespannt. Nun geht es wieder an einer Felswand entlang, bis sich plötzlich der Himmel über uns auftut und der vom Fluß ausgewaschene Felsdurchbruch vor uns liegt. Er sieht wie eine Brücke aus. Die hohen Felswände mit dem ausgewaschenen Loch sind gewaltig und eindrucksvoll. Nach kurzem Verweilen schleichen wir zurück, bemüht, nicht auf dem glitschigen Boden auszurutschen. Das gelingt auch, und anschließend fahren wir fünf Kilometer weiter zu den 40 m hohen Marokopa-Falls.

Diese Wasserfälle kann man von der Straße, aber auch vom Grunde aus beobachten. Wir bleiben auf der Straße. Als wir diesen Anblick bewundernd genießen, bemüht sich ein junger Mann mit seiner Begleiterin, die gerade mit ihrem Campingwagen angekommen sind, uns in ein Gespräch in Englisch zu verwickeln. Das Gelächter ist groß, als wir erkennen, daß es sich um Deutsche aus dem

Bayerischen Wald handelt. Sie kommen aus Regen, das wir auch gut kennen, zumal Rolfs Lodenmantel dort gekauft wurde. Sie verbringen erst ihren zweiten Tag im Lande und haben noch Probleme mit dem "Linksfahren".

Wir fahren jetzt über Waitomo Caves zurück an die Hauptstraße "3". Die erste größere Stadt ist Te Kuiti, ursprünglich eine reine Maori-Siedlung. Nachdem Weiße hier in das Maori-Gebiet Einzug gehalten haben, wurde eine Eisenbahn gebaut. Die Stadt beherbergte daher viele Eisenbahner. Heute ist es eine kleine Industriestadt. Man verarbeitet hier Lebensmittel. Außerdem gibt es Salz-, Kalkstein- und Kohlebergbau. Inzwischen hat die Stadt 5000 Einwohner.

Unser Weg führt uns nun durch eine einsame, ziemlich leere Gegend, weder Menschen, Siedlungen oder Tiere begegnen uns. Wir machen einen kleinen Stopp in Benneydale. Diese Stadt wurde für die Arbeiter der in der Gegend befindlichen Kohlemine errichtet. Inzwischen ist die Mine geschlossen, und die Stadt hat dadurch an Bedeutung verloren. Man sieht es ihr auch an: das einzige verträumte Hotel hat sicher schon lange keine Gäste mehr gesehen. In einer "Dairy" stärken wir uns zum ersten Mal mittags mit einem kleinen Imbiß. Wir müssen unbedingt das wabbelige Brot probieren, und Rolf versucht die lecker aussehenden Würstchen. Dazu gibt es eine Tasse Kaffee. Doch so gut wie das Essen aussieht, schmeckt es uns nicht. Es bleibt an den Zähnen kleben. Aber das macht nichts. Wir wollten nur einmal die Atmosphäre schnuppern. Draußen sitzt ein amerikanisches Ehepaar und läßt es sich auch schmecken.

Neben dem Imbiß ist ein Laden, der recht gut sortiert und sauber ist. Ich kaufe für unseren Enkel ein T-Shirt.

Anschließend fahren wir wieder einige Stunden durch weitgehend leeres Land bis nach Rotorua, unserem heutigen Tagesziel. Ich mag rauh aussehende, menschenleere Gegend. Gras weht wie ein wogendes Meer über den felsigen Hügeln. Wir finden problemlos einen recht guten Campingplatz. Da das Wetter so schön ist und sich eine gute Waschgelegenheit bietet, waschen wir noch schnell einige Stücke, einschließlich den langen Hosen von Rolf und mir. Rotorua gilt als Zentrum der Thermalquellen und Geysire sowie der Maori-Kultur. Morgen haben wir ein umfangreiches Programm zu absolvieren.

Der Sternenhimmel bleibt uns heute verborgen.

Donnerstag, 09. 02. 1989

Heute morgen machen wir uns auf den Weg in das Waimangu-Thermal-Gebiet. Beim Eintritt in das Gebiet bekommt man eine Karte, die einen Weg von etwa 3 km beschreibt, den man ablaufen kann. Nach einigen hundert Metern kommen wir an einen Krater, der bei einer Eruption im Jahre 1886 entstanden ist. Er ist mit Wasser gefüllt und trägt die Bezeichnung Emerald Pool. Unweit dieses ersten Kraters befindet sich ein zweiter, ebenfalls im Jahre 1886 entstanden. Sein Name ist Echokrater. Ohne Vorwarnung fand am 1. April 1917 plötzlich eine Explosion statt, die das in der Nähe gestandene Servicehaus völlig zerstörte. Überall dampft es hier unentwegt aus der Erde.

Dieser konstante Dampf ließ eine sehr schöne Felsformation, den Kathedral-Felsen, entstehen. Wir kommen dann am Waimangu-Geysir vorbei, der von 1901–1904 aktiv war und als der höchste Geysir der Erde gilt. Er schleuderte das Wasser bis zu 500 m hoch. Heute ist er erloschen, oder wie man hier sagt "schläft er". Um den Geysir herum ist ein Wasserbecken entstanden. Der nächste Kratersee, Ruaumoko's Throat, dampft sehr changierend von blau bis grau. Es dringen etwa 12 Kubikmeter Wasser in der Minute aus der Erde. Weiter geht es an Sinter-Terrassen vorbei, die sehr farbenreiche Effekte vermitteln. Der Name ist Vogelnest-Terrasse. Die Tour endet an der Warbrick-Terrasse, die in herrlichen Farben orange, braun, schwarz, weiß und grün – ausgelöst durch Algen und Mineralien, die aus dem fallenden Wasser entstehen – den Betrachter erfreuen. Neuseeland ist ja eine Insel, die aus jungvulkanischem Gestein besteht.

Wie kommt es zu diesen Ausbrüchen? Man muß sich eine lange Röhre ins Erdinnere vorstellen, die oben in ein Wasserbecken mündet. Eine Eruption entsteht, wenn dem Geysir aus dem Erdinneren mehr Wärme zugeführt wird, als zur Oberfläche hin durch die enge Röhre abgeleitet werden kann. Das Wasser erhitzt sich dabei stark und schleudert bei einer bestimmten Temperatur einen Teil der oberen Wassersäule heraus. Es entsteht Wasserdampf. Hat sich der Überdruck ausgeglichen, entsteht eine Ruhepause. Kühles Wasser läuft in die Röhre nach, bis dieses wieder erhitzt wird und sich abermals "Luft verschafft". Auf Neuseeland findet man heiße Quellen, Schlammsprudel, Geysire und Sinter-Terrassen. Gelöster Kalk setzt sich an den Quellenrändern ab, und je nachdem, welche Stoffe im Wasser enthalten sind, ergeben sich die verschiedensten Farben.

Ein Shuttlebus nimmt uns auf und bringt uns zum Ausgangspunkt zurück. Da heute um 12.15 Uhr Tänze und Gesänge der Maoris in dem weltbekannten Whakarewarewa-Dorf geboten werden, beeilen wir uns, um rechtzeitig da zu sein. Wir fahren wieder zurück in Richtung Rotorua und erreichen den Ort pünktlich.

Das ganze Gebiet besteht ebenfalls aus einer Reihe von Geysiren, brodelnden Schlammtümpeln mit treffenden Namen wie "frog-pool", "devils-pool" und dampfenden Felsspalten und Seen. An einem Pool kochen die Maoris direkt auf dem aus der Erde aufsteigenden heißen Wasser in der Weise, daß sie einfach einen Topf oder ein Netz an einer Kette darüber halten.

Wir erleben den berühmten Pohutu-Geysir in voller Aktion. Zwanzig Meter hoch schießt das heiße Wasser aus der Tiefe. Als die nächsten Besucher kommen, ist er ruhig, und man weiß nicht, wann er wieder "spuckt". Auch hier finden wir sehr farbenreiche Sinterschichten vor. Überall schießen Dampffontänen aus der Erde, selbst zwischen den Gräbern des Maori-Friedhofs qualmt es.

Bevor wir eine ausgiebige Exkursion durch das dampfende, zischende und quackernde Gebiet unternehmen, gehen wir in das Versammlungshaus "Whare Whakairo", das am Dorfplatz liegt, der außerdem noch von Lagerhäusern, den "Pataka", umstanden ist. Das Versammlungshaus ist mit sehr schönen Holzschnitzereien verziert. Motive sind Spiralen, dämonisch verzerrte menschliche Figuren und verschlungene Linien. Beim Betreten des Versammlungshauses müssen wir die Schuhe ausziehen.

Die Lieder und Tänze der Maoris sind außerordentlich melodisch und rhythmisch. Wir sind sehr angetan von den schönen Gesängen, die lieblich weich und dann wieder ursprünglich klingen. Ich muß sehen, daß ich eine Cassette erstehen kann, damit wir sie in Deutschland nach unserer Rückkehr abspielen können. Eine der größten Opernsängerinnen der Welt ist übrigens eine Maori.

Die Lieder der Maoris sind mehrstimmig, oft gibt es Vorsänger. Die Gesänge sind so klangvoll, daß es mir kalt den Rücken herunter rieselt. Ob sie noch ganz reinen Ursprungs sind, vermag ich nicht zu sagen, auf jeden Fall sind die Klänge in der Südsee zu Hause, und mir gefällt die Klangfülle und Klangweise.

Die Tänze werden zum Teil mit Stäben ausgeführt oder auch mit Bastbällen an einem langen Bastfaden. Bei den Bewegungen im Takt geben sie ein knallendes Geräusch von sich. Die rhythmischen Bewegungen gehen so rasch vonstatten, daß man den genauen Ablauf kaum verfolgen kann. Die Männer stoßen ab und zu einen "Urschrei" aus und stecken die Zunge ganz lang heraus. Damit sollte der weiße Mann abgeschreckt werden.

Nach der Vorführung halten wir uns noch etwa drei Stunden auf dem Gelände auf. Ein Vogelhaus, in dem Kiwivögel bei abgedunkeltem Licht gehalten werden, besuchen wir ebenso wie das Maori-Institut, in dem Schnitzereien und andere handwerkliche Kunstwerke gezeigt werden. Die Maoris hatten weitgehend ihre Kultur aufgegeben. Viele Dinge gerieten für immer in Vergessenheit, zum Beispiel welche Heilkräuter gegen welche Krankheit gut sind. Andere Kulturgüter versucht man wieder neu zu entdecken. Die Weißen haben ihre Unterstützung zugesagt. So sitzt hier ein Meister mit drei Schülern, um alte Schnitzkunst mit den Urmustern neu zu gestalten.

Danach starten wir, um dem Ort Rotorua – eine sehr lebendige Stadt mit vielen Hotels (oft mit eigenem Thermalpool) und mit 57 000 Einwohnern, für neuseeländische Verhältnisse schon eine große Stadt – einen eingehenden Besuch abzustatten. Da wir direkt in die "rush hour" geraten, haben wir einige Mühe, mit dem großen Campingwagen eine Parklücke zu finden. Schließlich gelingt es. Nun ist die Zeit frei für Shopping. Der Bummel durch die Straßen und Geschäfte ist zwar ganz interessant, aber auch hier finden wir eigentlich nichts, was uns von der Qualität und vom Preis her reizen könnte. Es stimmt doch nicht ganz: Einige kleine Holzschnitzereien – einen kleinen Kiwi und eine Maorifigur – nehmen wir uns mit.

Das nächste Problem ist, mit dem großen Wagen wieder rückwärts aus dem Parkplatz herauszukommen. Da wir überhaupt keine Verkehrslücke entdecken, gehe ich einfach auf die Fahrbahn und halte den Verkehr an. Wie von mir nicht anders erwartet, halten tatsächlich einige Fahrzeuge an, und Rolf kann in Ruhe mit seinem großen Wagen auf die Fahrbahn einschwenken. Bin ich nicht gut? Nicht nur meine Familie, sondern auch die Neuseeländer haben offensichtlich Respekt vor mir. Zur Belohnung machen wir noch einen Stopp bei McDonald's. Rolf bekommt einen BigMac und eine Apfeltasche und ich panierte Hähnchenstücke. Damit bleibt heute die Küche bei mir kalt. Glaubt aber bitte nicht, daß wir diese auf Pappe servierten kulinarischen Genüsse sehr schätzen. Auf solchen Touren sind sie jedoch aus Zeitmangel manchmal ganz einfach praktisch.

Nun geht es wieder zu unserem alten Campingplatz. Wir werden wie alte Bekannte mit "Hallo" begrüßt.

Heute abend lernen wir auf dem Platz noch drei junge Damen kennen, eine Neuseeländerin und zwei Engländerinnen aus der Nähe von Birmingham. Die Neuseeländerin will demnächst nach Deutschland kommen. Wir tauschen noch Adressen aus, und dann nichts wie ab ins Körbchen.

Was haben wir heute wieder alles erlebt!

Freitag, 10. 02. 1989

Gestern abend habe ich noch meine gelbe, halblange Prachthose und einige Kleinigkeiten gewaschen. Die gute Waschgelegenheit auf dem Campingplatz war einfach zu verlockend. In der Nacht fängt es an zu regnen. Im Schlaf hört Rolf die ersten dicken Tropfen auf das Wagendach prasseln. Er hüpft aus den "Federn", um zu retten, was zu retten ist. Es geht gut, die Wäsche ist schon fast trocken. Was habe ich nur für einen tüchtigen Hausmann! Heute morgen regnet es noch immer. In den Waschraum muß ich mit dem Regenschirm gehen. Außer mir ist dort niemand, so daß ich mich genüßlich von Kopf bis Fuß waschen kann.

Heute wollen wir, bevor wir diese herrliche Gegend in Richtung Süden verlassen, den Rotorua-See ganz umfahren. Zunächst geht es auf der "5" nördlich bis Ngongotaha. Ein paar Lebensmittel werden noch gekauft. Auf dem Postamt ersteht Rolf einige Briefmarken, wobei sich der Postbeamte für den Kauf bedankt und einen schönen Urlaub wünscht. Weiter geht es durch Farmlandschaften nach Arwahou und dann immer direkt am Seeufer entlang. Wie schon oft sehen wir einzelne Ziegen, angepflockt am Wegesrand. Sie haben fast immer ein kleines Häuschen mit Dach daneben stehen, in der Art einer größeren Hundehütte. In Hamurana halten wir. Hier lassen sich Hunderte von schwarzen Schwänen auf den sanften Wellen schaukeln. An einer anderen Stelle stehen zwei Männer bis fast zum Hals im Wasser und angeln.

In Mourea treffen wir auf die "33", die wir zunächst bis Te Ngae befahren. Dabei entdecken wir durch Zufall den Flugplatz von Rotorua. Selbstverständlich können wir da nicht vorbei, ohne anzuhalten. Auf dem Flugfeld steht gerade eine "Friendship" der Air New Zealand. Ich gehe einfach auf das Feld, um zu fotografieren. Kein Mensch hindert mich. Auch die Passagiere laufen direkt zur

Maschine. Nach diesem kleinen Zwischenstopp steuern wir unser nächstes Ziel, das verschüttete Dorf Te Wairoa, an. Die kleine Seitenstraße, die dorthin führt, finden wir sofort. Ja, ein guter Copilot ist doch etwas wert!

Dieses Dorf wurde am 10. Juni 1886 durch eine gewaltige Eruption des Mt. Tarawera völlig zerstört. 5000 square miles (1 square mile = 1,6 Quadratkilometer) wurden mit Asche, Lava und Moder überschüttet, und darunter wurde alles zerstört. Der blühende Ort Te Wairoa, der einträchtig von Maoris zusammen mit Weißen bewohnt wurde, verschwand. Noch vor kurzer Zeit wurden eine Menge Gegenstände ausgegraben. Sie sind in einem Museum ausgestellt, das wir auch besichtigen. Vor der Eruption war der Ort ein außerordentlich attraktives Touristenzentrum mit einem schönen Hotel. Von hier aus konnte man die weißen und rosa Sinter-Terrassen am Rotomahana-See erreichen, wenn zuerst der Terawera-See überquert wurde. Sie waren von solcher Schönheit, wie sie auf der Welt nicht noch einmal vorkommen. Auch sie verschwanden unter den Bergen von Lava und Asche. 153 Menschen mußten ihr Leben lassen. Der Hohepriester der Maoris – er soll 110 Jahre alt geworden sein – hatte übrigens vier Tage von der Eruption dieses schlimme Ereignis vorausgesagt. Er wurde in seiner Hütte ebenfalls vollkommen verschüttet und nach vier Tagen lebend ausgegraben. Danach überlebte er nur noch wenige Tage. In dem zweistöckigen Hotel wurden einige Besucher von der Eruption ebenfalls überrascht und kamen dabei um. Den Keller des Hotels hat man erst vor wenigen Jahren wieder freigelegt und bei dieser Gelegenheit noch eine Reihe voller Flaschen vorgefunden. Im Museum sind all diese Dinge wie Schuhe, Kleider, Betten usw. zu besichtigen. Wir sind sehr erschüttert. In ganz kurzer Zeit ein blühendes Dorf mit so vielen Menschen völlig vernichtet!

Nach einer etwa zweistündigen Besichtigung setzen wir unsere Reise in Richtung Süden fort. Unterwegs nehmen wir noch zwei Anhalterinnen mit. Nach einer kurzen englischen Verständigung stellen wir fest, daß sie aus Landshut in Bayern stammen und jetzt für vier Wochen auf Tramptour durch Neuseeland sind. Sie wollen nach Taupo. Zwar ist Taupo auch unser Ziel, aber wir haben vor, zunächst die nördlich davon gelegenen Aratiatia-Schnellen zu sehen. Bevor wir dorthin abfahren, steigen die beiden aus, um ihr Glück mit dem nächsten Auto zu versuchen. Wie wir beobachten, ist das aber nicht zu schwierig.

Als erstes halten wir auf einem Parkplatz bei einem Stausee und genießen die schöne Gegend, fahren dann aber noch zu einem höher gelegenen Platz und gehen zu Fuß einen schmalen Weg entlang, der uns zu einem wunderschönen Aussichtspunkt führt. Hier haben wir das ganze felsige Flußbett unter uns. Rechts von uns springen junge Leute von den Felsen hinab und landen in einer runden Ausbuchtung des Flusses. Würden sie nicht ganz präzise springen, unweigerlich würden sie am Gestein zerschellen. Ich mag gar nicht genau hinschauen, so schaurig sieht es aus, aber sie haben wohl Übung bei diesem waghalsigen Unternehmen.

Wir stehen nun hier und warten. Von 14.30 bis 16.00 Uhr wird nämlich von dem höher gelegenen Stausee das Wasser über das aufgeschichtete Lavagestein in den 92 m tiefer gelegenen Fluß abgelassen. Das Kommen und Ausbreiten des stürzenden Wassers ist ein sehr interessantes Schauspiel. Zunächst kommt das kleine, weißliche Rinnsal mühsam über die Steine daher, wird breiter und breiter, bis alle Lücken im Flußbett ausgefüllt sind und das Flüßchen zum flinken, reißenden Fluß wird.

Acht Generatorstationen werden gespeist. Das Prinzip ist dem am Walchen-/Kochelsee in Oberbayern angewandten sehr ähnlich. Rechtzeitig haben sich eine Menge Besucher entlang des Höhenzuges eingefunden, um das eindrucksvolle Ereignis mitzuerleben. Ein freundlicher Neuseeländer, der mit seinem englischen Freund neben uns steht, erklärt uns noch einige Details, so daß wir bestens informiert werden.

Anschließend fahren wir zum Informationszentrum des in der Nähe gelegenen geothermischen Kraftwerkes im Wairakei-Geysir-Tal. Anhand von Lichtbildern wird dieses Werk gut erklärt.

Überall zischt es, und hohe Dampfwolken steigen zum Himmel. Dazwischen sind eine große Menge Rohrleitungen, große Ventile und Rohrbrücken, die über die Straße führen. Wie wir erfahren, hat man sich seit 1950 bemüht, die ungeheuren Energien zu bändigen. Der aus der Tiefe bis 1250 m kommende Naturdampf wird zum Teil vom Wasser befreit und in einem geothermischen Kraftwerk zur Gewinnung von Energie genutzt. Diese gewaltige Ingenieurleistung ist wohl in der Welt führend. Aus allen Gegenden dieser Erde, wo ähnliche natürliche Quellen vorhanden sind, kommen die Fachleute hierher, um die Nutzungsmöglichkeiten und -techniken zu studieren.

In dieser Gegend sehen wir auch noch die Huka-Fälle, die in ihrer Gewalt sehr beeindruckend sind. Selbstverständlich treffen wir auch hier wieder auf Deutsche, zum Beispiel eine Gruppe von drei Ehepaaren, denen wir bereits vor Tagen auf dem Campingplatz von Waitomo Caves bei der "Glühwürmchenhöhle" begegnet sind.

Weiter geht es nun über Taupo an dem sehr schönen Tauposee, dem größten See Neuseelands, der einen riesigen Vulkankrater ausfüllt, entlang bis kurz vor Turangi. Unser Campingplatz ist terrassenförmig am Seeufer angelegt. So schön wie der herrliche Ausblick auf den Tauposee ist, so lästig sind die winzig kleinen "sandflies" (Sandfliegen). Diese Biester, über die schon James Cook stöhnte, sind mörderisch. Die Stiche (oder sind es Bisse?) sind sehr unangenehm. Man möchte sich ständig kratzen. Später stellen wir fest, daß die Stellen noch nach 8 Tagen entsetzlich jucken! Das nächste Mal werden wir bei der Auswahl eines Campingplatzes erst einmal die Fliegenlage erkunden.

Sonnabend, 11. 02. 1989

Heute fahren wir, nicht zuletzt der ekelhaften Fliegen wegen, sehr frühzeitig weg. Erstes Ziel ist Turangi. Dieser hübsche, am Südende des Tauposees gelegene Ort mit etwa 5000 Einwohnern bezeichnet sich auch als Welthauptstadt der Trouts (Forellen – sie wurden natürlich aus Europa und USA eingeführt). Für passionierte Angler ein Paradies. Sie kommen wohl auch aus aller Welt wegen der möglichen Ausbeute hierher.

Am Strand herrscht ein reges Leben. Wir kaufen in einem sehr schönen Einkaufszentrum ein und lassen uns noch über den hier beginnenden Tongariro-Nationalpark im Informationszentrum aufklären.

Als wir zu unserem parkenden Auto zurückkommen, finden wir hinter unserer Windschutzscheibe einen Prospekt, der uns offeriert, an einem Hubschrauberflug teilzunehmen. Er zeigt in Bildern, daß man von oben Hirsche und Rehe jagen und schießen kann. Eine merkwürdige und grausame Jagd! Das eingeführte Wild ist hier niemals zu Hause gewesen.

Wenn es irgendwie klappt, müssen wir den Nationalpark auf unserer Rückreise besuchen. Heute wollen wir aber weiter nach Süden. Wenn wir den Sonntag für die Überfahrt zur Südinsel in Wellington ausnutzen wollen, können wir uns keinen Aufenthalt leisten. So sehen wir nur die drei hohen Berge des Tongariro-Nationalparks, die aber im oberen Teil immer wieder im Nebel verschwinden. Wir fotografieren trotzdem, da wir nicht wissen, ob wir nochmals in diese herrliche Gegend kommen werden. Die Bilder werden aber wohl nicht sehr viel hergeben.

Die Fahrt nach Waiouru, unserem nächsten Ziel, führt durch eine ziemlich eintönige Gegend, die sicher auch deshalb von der neuseeländischen Armee als Trainingsgebiet genutzt wird, wie man an den aufgestellten Schildern erkennen kann. Die Straße ist als Desert-Road bekannt. Sie bietet herrliche Ausblicke auf die drei Vulkane des Nationalparks im Westen und im Osten auf Kaimahawa Mountains. Das Stadtbild von Waiouru wird völlig vom Militär beherrscht. Kasernen und ein sehr großes Armee-Museum fallen sofort auf.

In einer Bäckerei gegenüber dem Armee-Museum erstehen wir einige Gebäckstücke, die wir sofort verzehren. Nach diesem Stopp führt uns der Weg nun stundenlang weiter durch Farmland. Was uns schon gestern auffiel, begegnet uns heute immer wieder: große Rudel von Hirschen, die auf eingezäunten Weiden äsen. Einigen Schildern können wir entnehmen, daß es sich um regelrechte Deer-(Hirsch-)Farmen handelt. Wie wir hören, sollen besonders ausgewählte spanische Hirsche auf diese Art und Weise gezüchtet werden. Das Fleisch wird vielfach nach Deutschland geliefert.

Das Bild der Landschaft wechselt mehrfach: zum Teil ist es mittelgebirgsähnlich, zum anderen Teil Farmland, dann wieder felsiges, mit Gras bewachsenes Gelände. Über Bulls, wo wir ein Spiel des Pferdepolos ebenso sehen wie ein Criquetspiel, zwei typisch englische Sportarten, erreichen wir Levin. Hier beginnen wir langsam, einen Campingplatz zu suchen. Schließlich finden wir einen sehr stark besetzten Platz direkt am Meer (100 m vom Strand) in Otaki-Beach. Die Lage ist sehr schön. Da wir einen der letzten freien auf einem Hügel gelegenen Plätze zugewiesen bekommen haben, können wir von unserem Wagen aus direkt auf das Meer sehen. Ein ausführlicher Strandbummel entschädigt uns für die lange Fahrt. Ich sammle viele schöne Muscheln. Sicher werde ich vor der Rückreise noch einmal eine Auswahl treffen müssen, denn ich habe auch schon von anderen Stränden eine ansehnliche Sammlung in unseren Wagen getragen. Rolf macht ein "süßsaures" Gesicht dazu, aber auch ihm wird das Frikassee später schmecken, wenn ich es in Muscheln serviere!

Unser Platznachbar erzählt uns, daß er jeden Freitag nachmittag von Wellington, wo er arbeitet und wohnt, mit seiner Frau und der jüngsten Tochter hier herauskommt. Die älteren Kinder sind schon aus dem Hause. Die drei bleiben jeweils bis Sonntag mittag. Bei dieser Gelegenheit erfahren wir, daß die neuseeländischen Seeleute der Fähre wieder einmal mit Streik gedroht haben. Hoffentlich können wir morgen überhaupt die Fähre zur Südinsel benutzen! Na, wir werden sehen. Er empfiehlt im übrigen, wegen des starken Sonntags-Rückreiseverkehrs am Vormittag nach Wellington zu fahren.

Sonntag, 12. 02. 1989

In der Nacht regnet es ziemlich, so daß wir schon fürchten, einen verregneten Sonntag zu erleben. Rolf geht in Badehose zum Duschen und Waschen, damit seine Sachen nicht zu naß werden. Inzwischen hat der Regen langsam nachgelassen. Wir starten nicht zu spät und – oh Wunder – es hellt auf. Je weiter wir nach Wellington kommen, um so strahlender wird der Sonnenschein. Wir passieren Waikanae, das als Missionsstation im Jahre 1840 gegründet wurde. Wie überall im Lande wurden auch hier die Maoris missioniert und mit dem Ackerbau vertraut gemacht. Eine Anzahl Maoris zog jedoch weg und bekämpfte die Weißen erbittert. Das führte 1860 zum Taranaki-Krieg.

Weiter geht es über Paraparaumu, Paekakariki, Pukerua Bay, Plimmerton, Porirua nach Wellington. Die Straße führt unmittelbar an der felsigen Küste entlang. Immer wieder überwältigen uns die kurzen Ausblicke auf das Meer. Der Verkehr nimmt zu. An ein Anhalten ist nicht zu denken. Ab Porirua geht es über Land bis zur Landeshauptstadt.

Überraschend erreichen wir das Fährterminal zur Südinsel gegen 9.30 Uhr auf Anhieb. Am Ticketschalter erfahren wir, daß die nächste Fähre um 16.00 Uhr geht, aber alle Fähren in den nächsten Tagen restlos ausgebucht sind. Wir wurden zu Hause falsch informiert. Man empfiehlt uns, als "Standby" zu buchen. Da unser Fahrzeug erst das vierte ist, dürften unsere Aussichten mitzukommen ausgezeichnet sein. Nach dem Kauf der Karten stellen wir unseren Camper als vierten in die "Standby-Lane" und bestellen uns ein Taxi, das uns in der Zwischenzeit in die Stadt bringen soll. Das klappt alles sehr gut. Als ein amerikanisches Ehepaar, das sein Fahrzeug nun schon als sechstes hinter uns abgestellt hat, unsere Bemühungen mit dem Taxi mitbekommt, steigt es mit ein. Auf diese Art und Weise bezahlen wir nur 4 Dollar 50 bis zur Talstation der Cable Car. Von hier aus geht es zu einem Preis für hin und zurück von 2 Dollar pro Person auf die Höhe, von der man einen großartigen Überblick über Wellington hat. Dazu herrlichster Sonnenschein. Wir befinden uns auf dem Kelburn Hill (122 m über dem Meeresspiegel). Neben der Bergstation liegt das Carter Observatory, wo astronomische Forschungen betrieben werden. Außerdem ist das Meteorological Office in der Nähe, wo man sich bemüht, Wetterbeobachtungen und -voraussagen abzugeben. Auf der einen Seite ist die ehrwürdige Victoria-University, auf der anderen Seite der Botanische Garten.

Bei dem Versuch auszuwählen, welchen Weg wir besser nehmen sollten, wird uns der zum Botanischen Garten als lohnender empfohlen. So machen wir es dann auch. Mittelpunkt der schönen, sich über einen Hügel ziehenden Anlage sind der Lady Norwood Rose Garden und das sich daran anschließende "Begonia House". Im Rosengarten sollen über 1850 Rosen stehen. Der Anblick ist sehr schön. Was ich aber überall auf der Welt, auch bei uns zu Hause, vermisse, ist der intensive Rosenduft, wie ich ihn noch von meiner Kindheit her in der Nase habe.

Im Begonienhaus ist eine Fülle exotischer Pflanzen untergebracht. Der Besuch des Botanischen Gartens hat sich wirklich gelohnt. Die Anlage ist jedoch sehr überlaufen. Mehrere Busse kippen gerade Japaner aus, die hier in Neuseeland in großer Zahl als Touristen auftreten. Wir haben auf unseren vielen Reisen immer wieder die Beobachtung gemacht, daß sie sehr laut sind und sich so verhalten, als wenn sie allein alles beherrschen wollten. Wir hören auch, daß sich viele Hongkong-Chinesen in Neuseeland umtun, sich das Land und wohl auch die Geschäftsmöglichkeiten ansehen, um eine Ausweichmöglichkeit zu finden für die Zeit nach der Übernahme der britischen Kronkolonie durch die Rotchinesen gegen Ende der 90er Jahre.

Nach einem herrlichen Waldspaziergang kommen wir wieder zurück zur Bergstation der Cable Car. Wir nehmen nochmals das herrliche Bild über die Stadt auf. Unter uns die Buchten mit dem Hafen und auf halber Höhe ein Sportplatz, auf dem wiederum Criquet gespielt wird. Nach der Rückfahrt kaufen wir in einem Souvenirladen einige Karten und sprechen mit der Inhaberin des Ladens über die Möglichkeit, ein Taxi zu bekommen. Sie sagt uns, daß sie uns telefonisch eines rufen will. Wir wollen aber zunächst ein bißchen durch die schönen Straßen in dieser Gegend bummeln und hoffen, daß wir dann vielleicht selbst ein Taxi bekommen. Daraus wird aber nichts. Wie wir später erfahren, halten in Neuseeland die Taxen nicht auf ein Handzeichen an. Man ordert sie nur am Taxenstand oder aber durch telefonische Bestellung. Deshalb gehen wir wieder in den Laden zurück und bitten die Inhaberin um den angebotenen Dienst. Sie tut es sehr gern. Als Rolf fragt, was er schuldig sei, sagt sie "Your smile – have good holidays". Von der Freundlichkeit sind wir wieder einmal überwältigt, die wir schon vielerorts erfahren haben. Wie wir übrigens inzwischen wissen, kosten die Ortsgespräche in Neuseeland zwar nichts, aber trotzdem...
Der Taxifahrer fährt mit uns gleich noch an ein paar interessanten Gebäuden vorbei, wie dem Parlamentsgebäude, dem Old Government Building, dem Maritime Museum, wobei er seine Erklärungen dazu abgibt. Voller Erwartungen treffen wir wieder am Fährhafen ein. Etwa zur gleichen Zeit kommt auch unser amerikanisches Ehepaar an, das von einem neuseeländischen Ehepaar einfach aus lauter Freundlichkeit durch die Stadt kutschiert wurde. Ist das nicht toll?!
Inzwischen kommt auch das erwartete Schiff und entleert sich, um dann erneut mit Lastern, Eisenbahnwaggons, Autos, Campern und wieder Eisenbahnwaggons vollgestopft zu werden. Das will überhaupt nicht enden.

Ob wir da wohl mitkommen? Wir haben aber Nummer 4. Hinter uns sind inzwischen fast fünfzig Fahrzeuge aufgereiht. Was ist denn das? Genau vor uns geht nichts mehr! Wir müssen uns nun schnell entschließen, ob wir bis morgen früh um 10.00 Uhr, dann geht die nächste Fähre, warten wollen. Da wir ja "unser Haus" bei uns haben, entscheiden wir uns dafür. Nun bekommen wir sogar Nummer 1. Das nächste Mal muß es doch wohl klappen. So stehen wir unter der Autobahn in zwei Reihen und verbringen die Nacht sehr "romantisch". Es gibt eine Nachttoilette für die Bediensteten, die ein gutmütiger Eisenbahner aus freien Stücken öffnet, aber auch Büsche sind nicht weit. Nicht einmal ein Kiosk mit Trink- oder Eßwaren ist verkaufsbereit. Aber wir warten alle geduldig die Nacht ab. Inzwischen kommen immer mehr Fahrzeuge hinzu. Unser Bett haben wir ja bei uns. Außerdem besitzen wir eine Taschenlampe und Kerzen.

Zunächst machen wir einen Spaziergang am Hafen entlang und sehen unsere Fähre, mit der wir ursprünglich hatten fahren wollen, in der Ferne entschwinden. Später räume ich meine Schränke auf, die es sehr nötig haben. So ist die Zeit gut genutzt. Rolf studiert die Karten, und ich koche Erbsen und Bohnen mit etwas Butter. Außerdem gibt es Kaffee und Kekse. Mit Abwaschen wird es heute nichts. Das können wir morgen auf dem nächsten Campingplatz nachholen. Alles halb so wild. Inzwischen ist es 20.00 Uhr. In einer halben Stunde wird es dunkel. Gehen wir heute einmal ganz zeitig zu Bett. Gute Nacht!

Aber, erstens kommt es anders, zweitens als man denkt. Der freundliche Bahnbeamte geht von Wagen zu Wagen und lädt uns zu einem Tee in seinem Aufenthaltsraum ein, was er schon seit 17.00 Uhr angekündigt hat. In seiner "Bude" hat er eine große Kanne Tee gekocht, dazu Zucker und Milch bereitgestellt. Nun bringt er auch noch Kekse und Topfkuchen an. Zwei Neuseeländer nehmen die Einladung auch an. Es wird eine ziemlich lustige

Runde. Auf unseren Wunsch hin sprechen sie etwas langsamer als gewöhnlich, so daß wir sie gut verstehen können. Wie der Bahnbeamte sagt, hat er keinen Auftrag, uns zu bewirten, er tut es aus freien Stücken. Dabei philosophiert er: wenn der Mensch etwas Tee hat, wird er ruhig und zufrieden, und das wünsche er uns.

Wir bleiben mit ihm bis etwa 21.00 Uhr zusammen und gehen dann zu unserem Wagen zurück. Bei Kerzenschein machen wir uns zum Schlafengehen fertig. Zum ersten Mal hören wir etwas von der großen neuseeländischen Dichterin Katherine Mansfield. Wenn wir zurück sind, muß ich mich einmal darum kümmern, ob wir in Deutschland Bücher von ihr bekommen.

Montag, 13. 02. 1989

An Schlaf ist nur wenig unter der Brücke von Wellington zu denken, denn der Lärm der über uns verlaufenden Autobahn und die Eisenbahnrangiererei gehen die ganze Nacht hindurch. Gegen 6.30 Uhr geht Rolf auf "Spähtrupp" zur Erkundung der Toiletten- und Waschgelegenheiten. Kaum ist er fort, klopft es an der Tür, und wir werden energisch aufgefordert, als erstes Fahrzeug in die Abfahrtsreihe für die Schiffsverladung zu fahren. Der Beamte wiederholt seine Aufforderung, so daß ich gezwungen bin, Rolf zu suchen. Ein als 5. Wagen hinter uns stehender Japaner möchte die Gelegenheit ausnutzen, an unserer Stelle mit der Abfahrt zu beginnen. Ich weiß zwar nicht, wie er das machen will, denn er kann wohl kaum die vor ihm stehenden Wagen Nr. 2 bis 4 zur Seite schieben. Es ist also Eile geboten, sonst hätten wir uns unter Umständen die Nacht umsonst um die Ohren geschlagen und dann unsere so günstige Position Nr. 1 verloren. Ich finde Rolf schließlich in der Bedienstetentoilette der Eisenbahner, wo er sich gerade gemütlich rasiert. Nun lasse ich ihm kaum Zeit, sich anzuziehen. Das Hemd in der Hand, das Handtuch über die Schultern, die Hose im Eilschritt zugeknöpft, so eilen wir zum Auto. Unterwegs werden wir noch von einer Schweizerin angesprochen, die wir gestern abend beim "Teefassen" getroffen haben. Sie will wissen, ob es nun losgeht. Wir machen ihr Hoffnung, obgleich sie noch weit hinter uns steht. Als einziges Fahrzeug werden wir nun in die Abfahrtsreihe dirigiert. Dieses Mal scheint es ja zu klappen. Bis zur Abfahrt der Fähre sind es aber noch über drei Stunden. Die Eile begreifen wir deshalb nicht. Wir haben überhaupt den Eindruck, daß man von Organisation keine Ahnung hat. Weshalb sollten wir drei Stunden vor der Zeit hierher fahren? Wir tun aber, was man uns sagt. Endlich geht die Verladung los. Zunächst wird die Fähre wieder mit Eisenbahnwaggons vollgestopft. Das gleiche wie gestern. Dann folgen die vielen vorgebuchten Fahrzeuge. Nach und nach baut sich hinter uns wieder eine ganze Reihe unserer gestrigen "Standby"-Bekannten auf. All das stimmt uns doch etwas hoffnungsvoll, dieses Mal mitgenommen zu werden. Immerhin sind wir ja Nummer 1! Wir warten und warten, schließlich erleben wir zum zweiten Mal die Enttäuschung: nichts geht mehr! Inzwischen sind wir bereits 24 Stunden in Warteposition. Nach uns sind mittlerweile mindestens 50 Fahrzeuge als "Standby" aufgefahren. Wenn das so weitergeht, kommen die letzten von heute vielleicht am Freitag dran, und ständig kommen immer mehr dazu. Da uns unser Urlaub zu schade ist, länger als 24 Stunden unter den Brücken von Wellington zu vergeuden, spricht Rolf mit dem Manager des Terminals und storniert die Überfahrt. Mit süßsaurem Gesicht wird der Gesamtbetrag von 145 Dollar zurückerstattet. Man verspricht zwar, daß noch eine zusätzliche Überfahrt um 12.00 Uhr eingeschoben werden soll, aber wir wollen einfach nicht mehr warten. Das um so weniger, als wir ja die Nordinsel noch längst nicht mit all ihren Schönheiten in der kurzen Zeit kennenlernen konnten. Holen wir das einfach nach. Möglicherweise wiederholen sich die Schwierigkeiten, die wir mit der Hinreise haben, auch bei der Rückreise. Und das könnte unseren Rückflugtermin in Frage stellen. Die Südinsel ist für uns also nun "abgehakt".

In dem ganzen "Laden" herrscht offensichtlich überhaupt keine Ordnung bzw. keine Planung. So saßen gestern abend viele junge Menschen – Wanderer mit Rucksack – buchstäblich auf der Straße. Man hatte die große Halle abgeschlossen. Es gab in der näheren Umgebung weder etwas zu essen noch zu trinken. Nicht einmal die Toiletten waren geöffnet. Hätte einer der Bahnbeamten nicht seine Diensttoilette zur Verfügung gestellt, wären unmögliche Zustände entstanden. Außerdem wundert mich, daß man nur so eine geringe Übersicht hat. Man muß doch etwa wissen, wie viele Fahrzeuge auf das Schiff passen, und nicht 50 und mehr Fahrzeuge sich anstellen lassen, wenn dann nicht ein einziges mitgenommen werden kann. Ob man nur das Geld will und sich sagt: "Ach, die werden schon warten." Wie dem auch sei, alles halb so wild. Wir bewundern nur die Geduld und Gelassenheit der wartenden Menschen. Davon müssen wir etwas in unseren hektischen Alltag aufnehmen. Ob das gelingt?

Schnurstracks geht es wieder nach Norden. Unser Frühstück ist heute ausgefallen. Im ersten Einkaufszentrum ergänzen wir die Bestände. Leider gibt es hier keine Möglichkeit, einen Lunch einzunehmen, deshalb fahren wir weiter und entdecken als erste Gelegenheit ein McDonald's-Restaurant. Verflixt! Aber hier wird gehalten, wir sind hungrig. Ich bekomme Chicken-Nuggets und eine Apfeltasche, Rolf einen BigMac, für den sein Mund fast zu klein ist, und ebenfalls eine Apfeltasche, dazu Kaffee. Wir halten sonst eigentlich nicht viel von amerikanischer Eßkultur, aber die Schnelligkeit, mit der die "Atzung" vonstatten geht, ist auf solchen Reisen ganz erstrebenswert. Mit dem Restaurant verbunden ist als Attraktion ein Eisenbahnwaggon und eine Lokomotive. Dieser Wagen der 2. Klasse verkehrte noch bis Ende der 70er Jahre zwischen Wellington und Auckland. Das entnehmen wir der Beschreibung, auf der gleichzeitig noch die Arbeitsweise der Lokomotive dargestellt wird.

Mit vollem Magen und fröhlichen Sinnes geht es über die gleiche Strecke bis Bulls zurück, über die wir vor zwei Tagen gekommen sind. Hier versäumten wir bei der ersten Durchfahrt, den Flugplatz zu besuchen. Vor zwei Tagen nahmen wir an, daß es sich um einen öffentlichen Verkehrsflughafen handeln würde. Wie wir aber heute feststellen, ist es ein Flugplatz der Royal New Zealand Air Force (RNZAF).

Ein Wachtposten beäugt mich kritisch und schließt schnell die Barriere. Ob er annimmt, daß ich einen Überfall plane? Gegen mein Fotografieren hat er aber keine Einwände. Auf einer dem Flugplatz gegenüberliegenden Weide treibt ein Farmer mit einem Motorrad, an dessen Lenker ein großes, rotes Schild befestigt ist, Bullen in eine von ihm gewünschte Richtung. Die Bullen wollen ihn, wahrscheinlich durch das rote Schild gereizt, immer wieder angreifen, aber durch seine Schnelligkeit schafft er es schließlich, sie dorthin zu dirigieren, wo er sie hin haben will. Eine solche Methode habe ich noch nie gesehen.

Wir durchfahren nun Farmland mit Ackerbau, Getreide und Gemüse. Bisher haben wir fast immer nur Weidewirtschaft gesehen. Es geht einige Stunden so weiter.

In Turakina besuchen wir einen großen Antiquitätenladen. Vom Schusterschemel über alte Schellackplatten, Stahlhelme der britischen Armee, Nachttöpfe, Kohlenkästen usw. kann man jeden Ramsch für erstaunlich hohe Preise erstehen. Ich finde nichts, was mich auch nur annähernd anspricht. Dabei bewundere ich Rolfs Geduld, der treu und brav hinter mir hertrottet. Eine andere Frau, die mit uns im Laden ist, konnte wohl ihren Mann nicht zur Begleitung überreden. Er sitzt in seinem Wagen und lächelt Rolf mitleidig an, als wir bei ihm vorbeigehen. Seine Frau kommt aber auch gleich nach uns und ebenfalls mit leeren Händen aus dem Laden.

Als heutiges Tagesziel steuern wir nun Wanganui an, eine Stadt mit 42 500 Einwohnern, also für Neuseeland eine große Stadt. Wie immer besuchen wir auch hier den Flugplatz am Stadtrand, wo gerade eine "Friendship" der Air New Zealand landet. Schnell werden einige Aufnahmen gemacht.

Die Stadt hat eine Menge Parks und eine historische Kirche, deren Inneres eine Maoriausstattung hat. Der Ort liegt direkt an der Küste. Er gilt als begehrter Urlaubs- und Wochenendplatz. Wir finden hier den besten Campingplatz, den wir bisher überhaupt in Neuseeland hatten. Jeder Wagenabstellplatz hat ein eigenes abgeschlossenes Häuschen mit Toilette, Waschraum und Dusche. Außerdem ist noch ein Swimmingpool vorhanden, den Rolf gleich genießt. Da strahlender Sonnenschein ist, nutzen wir die Gelegenheit, um gleich einmal wieder zu waschen. Bei so günstigem Wetter, Sonnenschein mit etwas Wind, wird der größte Teil bis heute abend trocken sein. Nach der vergangenen Nacht unter den Brücken von Wellington fühlen wir uns hier wie im Paradies. Bei Einbruch der Dunkelheit ist tatsächlich praktisch alles trocken. Nach der letzten fast schlaflosen Nacht verschwinden wir recht schnell in die Falle.

Dienstag, 14. 02. 1989

Heute morgen sind wir nicht ganz schlüssig, ob wir noch einen weiteren Tag auf diesem schönen Campingplatz zubringen sollten. Wir wollen erst einmal sehen, was Wanganui alles zu bieten hat. Die Stadt macht einen sehr gepflegten Eindruck.

Wanganui war, bevor die Weißen kamen, von mehreren tausend Maoris besiedelt. Die Menschen lebten hier am Wanganui-River vom Fischfang, besonders Aale gab es in Hülle und Fülle. Mit Kanus konnte man weit ins Innere der Nordinsel fahren. Heute hat der Fluß durch den Straßenbau seine Bedeutung als Verkehrsweg fast verloren.

Im 19. Jahrhundert entstanden viele Missionsstationen in der Gegend wie Atene (Athen), Korinti (Korinth) und Jerusalem. Viele Siedler, die in einsamen Gegenden das Land urbar gemacht hatten, mußten während und nach der Weltwirtschaftskrise die Gegend wieder verlassen, so daß heute wieder eine Rückentwicklung zur Urlandschaft zu beobachten ist. Man kann mit dem Auto nicht dorthin kommen, sondern nur mit dem Kanu. Wie schön, daß es noch derartige Stellen unberührter Natur gibt.

Das Land, auf dem heute die Stadt steht, wurde den Maoris für etwa 700 Dollar abgekauft. Als die Ureinwohner bemerkten, daß sie betrogen worden waren, war es zu spät. 32 000 ha Land haben sie so verloren.

Die Engländer hatten durch die "New Zealand Company" vier Siedlungen gegründet: Wellington (1840), New Plymouth (1841), Wanganui (1840) und Nelson (1842). Von Mai 1839 bis 1843 brachte die Gesellschaft auf 75 Schiffen 19 000 Einwanderer ins Land.

Die Gesellschaft geriet bald in finanzielle Schwierigkeiten und mußte deshalb alles an die englische Regierung verkaufen, die somit Besitzerin des ganzen Landes wurde. Durch eine geschickte Wahlordnung, wonach nur

Landbesitzer bei Wahlen ihre Stimme abgeben konnten, blieben die Weißen beherrschend. Die Maoris kannten nämlich keinen Einzelbesitz, sondern der gesamte Besitz war das Gemeinschaftseigentum des Stammes. Damit konnte aus ihrem Kreis auch keine Einzelperson das Wahlrecht beanspruchen. Inzwischen sind die Maoris schon lange gleichberechtigt. Wie andernorts auf unserer Erde auch, ist dieser Abschnitt der Kolonisierung wirklich kein Ruhmesblatt für die abendländischen Mächte einschließlich der Kirchen. Überall, wo wir im letzten Jahrzehnt gewesen sind, begegneten wir diesen historischen Fakten.

Zunächst besuchen wir die St. Paul's Memorial Church, die eine sehr schöne Innenausstattung im Maoristil haben soll. Auf dem Weg dorthin begegnen wir streikenden Krankenschwestern und Pflegepersonal auf der Straße, die versuchen, den Passanten den Grund des Gesundheitsdienststreiks klarzumachen. Es geht, wie wir ihren Darstellungen entnehmen, neben der Bezahlung auch um die Arbeitsbedingungen und um die Altersversorgung.

Als wir an der Kirche ankommen, stellen wir fest, daß sie verschlossen ist. Es gibt auch keinen Hinweis, wo man einen Schlüssel bekommen könnte. In einem nahegelegenen Kindergarten, den wir der Kirche zugehörig vermuten, fragen wir nach Besichtigungsmöglichkeiten. Wir sprechen mit der Leiterin des 25 Kinder betreuenden Kindergartens und einer Mutter, deren Kind dort untergebracht ist. Sie können uns leider nicht helfen. Dafür sind die fachlichen Gespräche, die ich beginne, doch recht interessant. Die Kinder werden halbtags untergebracht, vormittags eine Gruppe und nachmittags eine andere. Das äußere Bild überzeugt mich nicht besonders und scheint mehr dem einer antiautoritären Erziehung zu entsprechen, denn es sieht überall recht chaotisch aus.

In der Nähe liegt ein Maori-Friedhof. In Unkenntnis dessen, daß man die letzten Ruhestätten der Maoris nicht fotografieren sollte, mache ich einige Aufnahmen. Als die Mutter aus dem Kindergarten das sieht, kommt sie zu uns und macht uns auf dieses Tabu aufmerksam. Wir können uns dafür nur entschuldigen.

Nach diesem Aufenthalt geht unsere Fahrt weiter zum Hafen. Zunächst fahren wir an der Bucht weiter und entschließen uns, nun doch keinen weiteren Tag hier zu verweilen, sondern unsere Fahrt fortzusetzen, weil wir noch so viel Neues sehen möchten. Einerseits tut es uns wegen des schönen Campingplatzes leid, auf der anderen Seite fehlt uns vielleicht dieser Tag bei unserer künftigen Programmgestaltung.

In nördlicher Richtung führt uns der Weg wieder wie gestern durch Farmland mit Feldanbau. Die nächsten Orte sind Patea und Hawera. Der letztgenannte Ort ist geschichtlich interessant, da hier 1879 für zwei Wochen eine unabhängige Republik für das umliegende Gebiet ausgerufen wurde. Die Farmer dieser Gegend fühlten sich in ihrem Kampf gegen die Maoris von der Regierung im Stich gelassen und bildeten eigene Freiwilligenregimenter gegen die Maoris. Der Spuk war aber schnell zu Ende.

Bei einer Inderin, die uns im Sari bedient, kaufen wir noch etwas Obst ein. Ich komme mit ihr schnell ins Gespräch. Sie erzählt mir, daß sie vor 25 Jahren mit ihrem Mann hier gesiedelt hat und daß sie sich sehr wohl fühlen, obgleich sie auch gern einmal im Urlaub in ihre Heimat fahren.

Nach dieser kleinen Pause erreichen wir recht bald unser heutiges Tagesziel Opunake. Auf der ganzen Fahrt sehen wir rechts von uns den Mount Egmont, der seit kurzer Zeit wieder den Maorinamen Mt. Taranaki trägt. Man möchte ihn immer wieder fotografieren, so majestätisch sieht er aus. Es ist der zweitgrößte und wohl auch der schönste Vulkankegel Neuseelands, der so aus dem

Gelände herausragt. Er wird oft mit dem Fujiyama verglichen. Seine Höhe beträgt 2518 m. Der letzte Ausbruch dieses Vulkans war um 1600, heute gilt er als erloschen. Um den Berg herum wurde 1900 in einem Radius von 10 km der Mt. Egmont/Taranaki-Nationalpark angelegt.

Heute finden wir einen Campingplatz direkt am Strand. Es ist ziemlich windig, und die See ist rauh mit ansehnlichen Wellen. Neben uns steht ein neuseeländisches Ehepaar mit seinem Wagen. Wir kommen schnell miteinander ins Gespräch. Die beiden haben eine Farm mit Schafen und Rindern besessen, diese aber inzwischen verkauft. Mittlerweile sind sie pensioniert und leben nördlich von Wellington. Mit ihrem eigenen Campingwagen gehen sie immer wieder auf Tour, wie auch jetzt gerade wieder. Die drei Söhne, 35, 34 und 33 Jahre alt, sind alle aus dem Haus. Inzwischen haben sie 12 Enkelkinder. Ein Sohn hat eine Farm, der zweite ist für die Naturbehörde tätig und überwacht insbesondere die Kaninchenplage in Neuseeland. Hier stellt sich das gleiche Problem wie in Australien. Der dritte Sohn ist Vermessungsingenieur. Unsere Gesprächspartnerin ist Musiklehrerin für Cello. Im Verlauf unseres Gespräches wird erwähnt, daß ein junges Mädchen aus ihrem Bekanntenkreis die Absicht hat, ab September des Jahres nach Hamburg zu kommen, um eventuell für kürzere oder längere Zeit an unserer Universität zu studieren. Selbstverständlich laden wir sie ein, mit uns Kontakt aufzunehmen. Weiter erzähle ich der Frau, daß auch ich zu Hause mit Kindern musiziere. Wir sprechen über einige Instrumente und stellen dabei fest, daß sie die Blockflöte nicht kennt. Um sie genauer zu beschreiben, zeichne ich sie, so gut ich kann, auf Papier und verspreche, ihr eine mit einer Anleitung zum Spielen zu schikken. Eigentlich wundere ich mich, daß sie dieses Instrument nicht kennt, zumal die Japaner hier sehr rege im geschäftlichen Bereich tätig sind, was dadurch besonders deutlich wird, daß in Neuseeland viele Schilder, Reklamen usw. auch in japanischer Schrift zu finden sind. In Deutschland können wir ja in Japan hergestellte Blockflöten aus Kunststoff preiswert kaufen. Vielleicht habe ich eine Marktlücke entdeckt. Ich muß doch einmal einschlägige deutsche Firmen anschreiben und sie darauf aufmerksam machen! (Inzwischen sind Flöte und Anleitungsbuch gekauft und nach Neuseeland unterwegs.)

Nachträglich haben wir aber erfahren, daß Blockflöten doch bekannt sind und in Schulen benutzt werden. Das wußte offensichtlich unsere Gesprächspartnerin nicht so genau.

Ein kleiner Umtrunk mit Portwein in ihrem Wagen beendet diese Gespräche. Wir gehen nochmals zum Strand. Die Muscheln haben es mir ja angetan. Rolf runzelt die Stirn, weil er an den Transport nach Deutschland denkt. Gegen Abend bekommen wir noch neue Nachbarn. Sie kommen aus Australien. Als die Frau merkt, daß wir Deutsche sind, sagt sie auf deutsch: "Ich heiße Ruth, und das ist John, mein Mann." Sie stammt aus Basel und ist vor geraumer Zeit nach Australien ausgewandert. Dort hat sie einen Australier geheiratet. Wie sie sagt, gefällt es ihr sehr und sie möchte nicht wieder nach Europa zurück.

Wieder geht ein herrlicher Tag zu Ende, aber vor dem Zubettgehen wird jeden Abend das Tagebuch geführt. Es gehört oft große Überwindung dazu, das Schreiben nicht zu vernachlässigen, doch es muß sein. Am folgenden Tag sind die Eindrücke und Erlebnisse wieder so umfangreich, daß man unweigerlich vieles vergessen würde. Also schreiben und dann ins Bett!

Mittwoch, 15. 02. 1989

Heute morgen starten wir gegen 9.00 Uhr. Die Fahrt geht immer an der Küste entlang. Wie gestern schon, begleitet uns auf der rechten Seite immer der Mt. Egmont. Man kann sich an diesem so schön geformten Berg gar nicht satt sehen. Wir müssen diesen "Fujiyama" immer wieder fotografieren, wenn er uns aus der Ferne grüßt. Viele Bilder werden wohl zu Hause aussortiert werden, aber erst einmal ist der Anblick so faszinierend, daß wir nicht anders können. Mächtig ragt er aus der Ebene hervor.

Kapitän Cook sichtete als erster Europäer im Jahre 1770 diesen Berg und gab ihm den Namen Mt. Egmont. Obgleich er vor kurzer Zeit wieder auf seinen ursprünglichen Maorinamen "Taranaki" umbenannt wurde, benutzen wir wie die meisten anderen den Cookschen Namen weiter. Er spricht sich für uns auch leichter aus.

Für die Maoris war dieser Berg immer heilig. Niemand durfte ihn oberhalb der Baumgrenze betreten. Starb allerdings ein Priester oder Häuptling, wurde dieser in großer Höhe begraben, um den Geistern seiner Ahnen nahe zu sein. Wir erlebten in Bali ähnliches. Auch dort waren Berge Sitz der Götter und darum heilig.

Als ersten Punkt fahren wir heute das Cape Egmont mit seinem Leuchtturm an. Es ist sehr stürmisch. Die See tobt. Wir müssen uns dem Wetter anpassen und zum ersten Mal unsere Anoraks auspacken. Der Wind ist einfach zu kalt.

Der Weg hierher, ein Sandweg, der von der Hauptstraße abzweigt, ist schmal. Links und rechts sind Weiden. Kühe grasen oder liegen unter den vereinzelten Bäumen, die man nicht abgeholzt hat. Der Leuchtturm steht auf einer kleinen Anhöhe, allerdings auf privatem Grund. Ein Besteigen ist daher nicht möglich. Außerdem bewacht ein aufmerksamer Hund das Farmgelände, auf dem der Turm steht. Da der Hund uns nicht nur anknurrt, sondern mit wütendem Gekläff begrüßt, verzichten wir auf die nähere Besichtigung. Der Turm ist auch aus der Entfernung schön anzusehen. Hinter dem weißen Bau das strahlende Blau des Himmels, davor die grünen Wiesen und wieder ein anderes Blau: die Tasman-See. Trotz des kalten Windes haben wir es nicht bereut, diesen Abstecher gemacht zu haben.

Nun geht unsere Fahrt ostwärts weiter bis Oakura. An diesem Ort hat sich 1864 eine Tragödie während eines Maori-Krieges, des "Hau-hau-war's" ereignet. Man kann in diesem Bericht nicht die ganze Geschichte der letzten 150 Jahre beschreiben, aber so viel:

Kapitän Lloyd und sechs seiner Männer wurden von den Maoris überfallen und enthauptet. Ihre Köpfe wurden von den Eingeborenen, die einen unheimlichen Zorn wegen des schon beschriebenen Betruges auf die Weißen hatten, über die ganze Nordinsel von Ort zu Ort getragen.

Deswegen haben wir dieses Dorf aber nicht besucht, vielmehr wollen wir von hier aus den sehr bekannten Pukeiti-Rhododendron Trust (Park) anfahren.

Zunächst sind 14 km auf einer abenteuerlichen Straße bzw. einem Sandweg zurückzulegen. Der Weg ist so schmal, daß die Zweige der Büsche und Bäume unser Auto berühren. Rechts und links des Weges ist reiner Urwald mit so dicht wachsenden Büschen, daß man nicht hineingehen könnte. Kein Lichtstrahl dringt durch das Blattwerk. Nur direkt über uns ist der blaue Himmel zu sehen. Unheimlich und romantisch zugleich! Wenn jetzt ein Auto von vorn käme, was dann . . .? Und tatsächlich kommt ein Farmer mit seinem Fahrzeug des Wegs daher, aber wir haben Glück: eine Ausbuchtung im Weg läßt uns aneinander vorbeikommen. Später stellen wir fest, daß die Straße von New Plymouth einfacher zu befahren gewesen wäre. Aber diese Romantik hätten wir dann nicht genießen können.

Endlich, man ahnt nicht, wie lang 14 Kilometer sein können, erreichen wir den Park. Der Aufbau des Parks ist auf die Privatinitiative von 36 Gründungsmitgliedern einer Gesellschaft für die Schaffung des Parks (Trust) 1951 zurückzuführen. Nach und nach kamen immer mehr Mitglieder hinzu, so daß man weiteres Land erwerben konnte. Heute gehören 200 ha dazu.

Es ist eine wunderbare Grünanlage mit zahllosen verschiedenen Rhododendronsorten, exotischen Pflanzen und Bäumen. Wir gehen zwei Stunden lang durch das zauberhafte Gelände. Nur schade, daß in dieser Jahreszeit die Blütenpracht fast vorbei ist. Zum Teil sind es nicht nur Büsche wie bei uns, sondern hohe Bäume.

Nach dem Rundgang sitzen wir dort noch auf einer Terrasse und trinken eine Tasse Kaffee und essen ein Stück Kuchen. Ich entdecke auf dem Klavier im Lokal ein Fotoalbum, in dem der Werdegang des Parks dokumentiert ist. Rolf bestellt sich noch eine zweite Tasse Kaffee. Als es ans Bezahlen geht, wird ihm klargemacht, daß die zusätzliche Tasse umsonst ist – ähnlich wie in Kanada, wo dieser Service "without bottom" heißt.

Unsere nächste Station ist New Plymouth. Die Stadt zählt etwa 50 000 Einwohner und war früher ein eher unbedeutender Ort. Die Stadt macht einen freundlichen und sauberen Eindruck. Viele Parkanlagen sind vorhanden, leider aber auch viel Industrie. Da die Stadt an der Küste liegt, gibt es einen großen Hafen. In Stadtnähe befindet sich auch Neuseelands größtes Kraftwerk, das sowohl mit Öl als auch mit Erdgas betrieben werden kann. Zweihundert Meter hohe Schornsteine ragen in die Luft. Sie mögen zwar für die Umwelt gut sein, stören aber das Landschaftsbild empfindlich.

Bevor wir auf der "3" unsere Fahrt fortsetzen, kommen wir noch an einem der Parks, dem Broockland-Park vorbei. In ihm findet man sämtliche Sporteinrichtungen vor.

Am Ortsende steuern wir wieder einmal den Flugplatz an. Er liegt in Bell Block. Wir finden eine sehr moderne, wenn auch kleine Anlage vor. Wieder startet eine "Friendship" der Air New Zealand. Wie viele haben wir schon gesehen! Für den Inlandsflugverkehr scheint das die bevorzugte Maschine zu sein. Da der Flughafen direkt am Meer liegt, können wir bei dem heutigen herrlichen Sonnenschein die Gesellschaftsfarben der Air New Zealand auf der Maschine mit der Natur vergleichen. Die Farben der Airline sind wirklich naturgetreu: der blaue Himmel, das grün schimmernde Wasser hinter der Piste – einmalig, wie die Farben auf dem Flugzeug mit diesen übereinstimmen. Der Leser wird sich wundern, weswegen wir alle am Weg liegenden Flugplätze ansteuern: Unser jüngster Sohn, der selbst Privatpilot ist, hat uns den Auftrag gegeben, so viel als möglich an Informationen darüber zu sammeln.

Auf einer Gedenkplatte lesen wir, daß es an diesem Ort mit den Maoris 1860 auch Probleme gegeben hat. Auf einem Hügel in der Nähe verteidigten sich die Weißen. 150 Maoris griffen an, wobei 84 getötet oder verwundet wurden, bevor der Angriff niedergeschlagen werden konnte.

Wir setzen nun unsere Fahrt bis Awakino, wo wir einen sehr schönen Campingplatz unmittelbar am Meer finden, fort. Noch vor dem Essenkochen gehen wir an den Strand. Muscheln über Muscheln! Es ist einfach toll. Ich muß sie sehr oft waschen. Der Sandstrand ist schwarz, da er vulkanischen Ursprungs ist, und überall rieselt es "schwarz".

In Awakino befindet sich auf dem Friedhof ein Stein, der ein Häuptlingsgrab bedecken soll. Von diesem Stein wird angenommen, daß es sich um einen Ankerstein des ersten Tainui-Bootes, mit dem die Vorfahren der Maoris um 960 nach Neuseeland gekommen sein sollen, handelt.

Donnerstag, 16. 02. 1989

Heute fällt mir das Abfassen des Tagebuches sehr schwer, da mich die kleinen, schwarzen Fliegen mächtig piesakken. Gestern abend haben sie mich wieder in Sekundenschnelle überfallen. Nicht nur die Füße, nein, selbst die Finger werden zerstochen, bis Blut fließt! Ich habe dann tagelang darunter zu leiden. Es tröstet mich keineswegs, daß bereits James Cook seinen Kampf mit diesen Biestern ausfechten mußte. Insektenspray hilft mir kaum. Die Neuseeländer lachen nur. Anscheinend haben sie sich daran gewöhnt oder sind inzwischen immun dagegen. Da lob' ich mir doch unsere deutschen Mücken, deren Stiche nicht so anhaltend jucken! Komisch, unsere Mücken tun nur Rolf etwas, mir kaum. Hier ist es genau umgekehrt. Ach ja, die Sonne macht ihre Reise hier auch umgekehrt. Sie geht vom Osten zum Norden und dann im Westen unter. Ein Wunder, daß wir nicht Kopf stehen!

Unsere neuseeländischen Nachbarn wollen wohl bald aufbrechen, denn sie bauen ihr Vorzelt ab. Bei unserem gestrigen Abendgespräch machten sie übrigens die Bemerkung, daß die Deutschen wohl viel Geld haben müßten, wenn sie so weite Reisen unternehmen können. Gleichzeitig erzählten sie aber auch, daß sie vor ein paar Jahren im Schwarzwald gewesen seien. Wo ist hier der Unterschied? Nachdem wir uns mit Winken von ihnen verabschiedet haben, fahren auch wir bald los. Es wird eine etwa zwei- bis dreistündige romantische Fahrt durch die Awaikinoschlucht, die uns sehr beeindruckt. Tiefe, von Wasser ausgewaschene Felsschluchten waren früher Schlupfwinkel der Maoris. Danach kommt man erst nach 50 km im Landesinneren zur nächsten Siedlung. Pio Pio ist ein kleiner Ort mit ein paar Geschäften. Wir kaufen eine Kleinigkeit in dem Foodstore. Sofort werden wir angesprochen auf das "Woher/Wohin". Wir erzählen etwas über unsere Reise. Sicher kommen nicht so sehr viele Menschen in den Laden.

Auf der gegenüberliegenden Straßenseite gibt es noch ein kleines Textilgeschäft, das gerade "Ausverkauf" anpreist. Da müssen wir auch mal gucken. Es gibt aber nichts, was des Kaufens wert gewesen wäre.

Am Ortsende kommt gerade eine Dame aus der "public toilet", die einen Lastwagen fährt und der wir schon einmal begegnet sind. Sie grüßt uns mit einem lebhaften Winken. Die Menschen sind ungeheuer freundlich.

Nach weiteren 10 km geht es in südöstlicher Richtung nach Taumarunui. Die Stadt macht einen geschäftigen Eindruck. Ich sehe mir die Schaufensterauslagen an. Anschließend bringt uns unser Diesel über Owhango und Raurimu bis zu der Ortschaft "National Park". Alle drei Orte machen den Eindruck gepflegter Wintersportstätten. Im Winter ist hier sicher eine Menge los. Von "National Park" aus fahren wir in östlicher Richtung bis Chateau, einem exklusiven Touristenort am Fuße des Mt. Tongariro, Mt. Ngauruhoe und Mt. Ruapehu. Nun sind wir doch noch in den berühmten Tongariro-Nationalpark gekommen. Als wir vor einigen Tagen in Richtung Süden unterwegs waren, hatten wir nicht die Zeit, sondern nur den Wunsch, hierher zu kommen. Wir steigen aus und sehen über die weite Landschaft, aus der drei Berge eindrucksvoll emporragen. Hohe Gräser wehen im Wind wie Wellen eines riesigen Meeres.

Der Tongariro-Nationalpark ist der erste neuseeländische und der zweite in der Welt überhaupt. Die Maoris hatten eine solche Hochachtung vor den drei Bergen, daß sie diese nicht betreten durften.

Auf einer Gedenktafel im Informationszentrum ist zu lesen: Der oberste Häuptling des Ngati-Tuwhareto-Maoristammes, Te Heuheu Tukino, der Anspruch auf die drei Vulkane erhob, sah eine letzte Möglichkeit, dieses Gebiet vor der Zerstörung durch Axt und Feuer durch die weißen Siedler zu bewahren, indem er es 1887 unter den Schutz der britischen Krone stellte mit der Auflage, daß dort ein Nationalpark errichtet würde. Diesem Wunsch entsprachen die Engländer 1894. Heute hat er eine Ausdehnung von ca. 79 000 ha. Der höchste Berg ist der Mt. Ruapehu mit 2797 Metern. Er hat sechs Spitzen. Zwischen Eis und Schnee liegt ein warmer Kratersee. Von Zeit zu Zeit ändert das Wasser seine Farben und Eigenschaften aufgrund der vulkanischen Aktivitäten.

Am Weihnachtsabend 1953 riß eine sich von diesem Berg hinabwälzende Schlammlawine eine Eisenbahnbrücke bei Tangiwai, was "weinendes Wasser" bedeutet, weg. Unglücklicherweise befand sich darauf gerade ein Personenzug, so daß 153 Bahnpassagiere den Tod fanden. Der zweite Berg, der Mt. Tongariro, ist 1986 m hoch. An seiner Spitze befinden sich weitere zehn Krater. In Vertiefungen liegen einige Seen. An den Hängen des Vulkanberges sind dampfende Heißwasserquellen sichtbar. Außerdem gibt es eine Reihe von Schlammtümpeln, wie wir sie auch bei Rotorua gesehen haben. Aus dem dritten Berg, dem 2291 m hohen Mt. Ngauruhoe, entweicht ständig Gas. Im letzten Jahrhundert gab es mehr als 60 Aschenausbrüche. Das ganze Gebiet ist also noch ständig vulkanisch aktiv. Im Informationszentrum von Chateau werden wir mit Wort, Schrift und Video sehr gut über alles informiert.

Eine Maori-Sage erzählt über die Entstehung dieser Gegend folgendes: Ngatoro war Priester des Arawa-Stammes und Steuermann des gleichnamigen Kanus, das aus dem Land Hawaiki (wahrscheinlich die Gesellschaftsinseln) kam. Die Reise sollte dazu dienen, dem Stamme Land zu verschaffen. So kam der Priester zum Fuße der Tongariro-Berge. Er entschloß sich, auf der Spitze ein Feuer anzuzünden, um damit den Anspruch auf das Land zu verkünden. Seinen Gefährten befahl er, bis zu seiner Rückkehr zu fasten, während er mit seiner Gefährtin, einer Sklavin, den Berg erklomm.

Während die beiden sich auf den Weg machten, brachen die übrigen Begleiter ihr Wort und bereiteten sich ein üppiges Mahl zu. Die Götter der Berge waren erzürnt und schickten eisige Winde und Schnee. Der Priester Ngatoro und die Sklavin wurden von dem Kälteeinbruch überrascht. Ihnen drohte der Erfrierungstod. In ihrer Verzweiflung riefen sie die Götter ihrer Heimat an, Feuer zu schicken. Der Priester opferte seine Sklavin den Göttern und unterstrich damit seine Bitte. Tatsächlich sandten die Götter zwei Feuerdämonen, die ihm halfen. Die Erde fing Feuer, und zwar an verschiedenen Stellen in der Umgebung. Als sie den halb erfrorenen Priester fanden, retteten sie ihn dadurch, daß sie das Innere des Berges mit heißem Dampf anfüllten. Ngatoro warf die tote Sklavin Ngauruhoe als Opfergabe in den Krater, der heute noch nach ihr benannt ist.

Das Gebiet ist nicht nur im Sommer zum Wandern und Klettern, sondern auch im Winter für den Wintersport sehr attraktiv. Mondän ist nicht nur der Ort, sondern auch der Campingplatz. Dieser ist zumindest komfortabel zu nennen. Wir bekommen einen sehr schönen Platz im Wald zwischen Bäumen angewiesen. Nach kurzer Zeit fährt in den Platz neben uns genau der gleiche Wagentyp mit derselben Aufschrift, wie wir sie haben, ein. Selbst die Zulassungsnummer unterscheidet sich von der an unserem Wagen nur in der letzten Stelle: statt NY 8711 trägt er die Nummer NY 8712. Wie wir wohl beide überrascht waren! Natürlich hatten die Platznachbarn den Wagen bei der gleichen Campervermietungsstation bekommen wie wir, und fast selbstverständlich waren es auch Deutsche. Mutter und Tochter aus Bad Wörrishofen sind heute nacht unsere Nachbarn. Ich bewundere das junge Mädchen, wie es mit dem großen Wagen beim Linksverkehr zurechtgekommen ist. Nach ihren Schilderungen ist aber alles gut verlaufen. Sie sind von den Erlebnissen des Tages aber genauso müde wie wir, so daß der Plausch glücklicherweise ziemlich kurz ausfällt.

Schnell ins Bett!

Freitag, 17. 02. 1989

Auf dem Campingplatz herrscht heute morgen schon frühzeitig reger Betrieb. Viele sind schon früher auf den Beinen als wir. Wir mußten gezwungenermaßen gegen 2.00 Uhr schon eine Nachtwanderung machen, da wir einige Probleme mit dem Schlaf hatten. Sicher liegt es daran, daß wir die Nacht weit über 1000 Meter über dem Meeresspiegel verbracht haben. Es war ein wundervoller Sternenhimmel. Klar sahen wir das "Kreuz des Südens". Diese vier markanten Sterne sind übrigens auch in die Flagge von Neuseeland aufgenommen, die neben dem britischen Emblem eben dieses Sternbild auf blauem Grund enthält. Wie wir heute morgen hören, hatten unsere Nachbarn, insbesondere die Mutter, auch Schwierigkeiten. Sie klagt über Herzbeschwerden.

Bevor wir heute aufbrechen, versuchen wir noch, mit unserem Sohn zu telefonieren. In Deutschland ist es 12 Stunden zurück, also Donnerstag abend. Da kommen wir noch zurecht, um ihm zum Geburtstag zu gratulieren. Im nahegelegenen Hotel können wir eine Verbindung bekommen. Auslandsgespräche von öffentlichen Zellen aus im Selbstwählverfahren sind in Neuseeland noch nicht möglich. Anders ist das von einem installierten Teilnehmeranschluß aus. Da ist es sogar möglich, durch Voranstellen einer bestimmten Zahl, im Anschluß an das beendete Gespräch sofort den Preis zu erfahren.

Nachdem wir telefonisch unserem Sohn das Geburtstagsständchen dargebracht haben, fahren wir zunächst nach Rangino an den Lake Rotpouname. Hier treffen wir auf die Straße Nr. 1, der wir über Turangi und Taupo nach Norden, zum Teil am schönen Lake Taupo entlang, folgen. Einen Teil davon kennen wir ja schon von unserer Nord-Süd-Fahrt vor einigen Tagen. In Taupo erreichen wir die Straße nach Napier. Sie führt teilweise durch gewaltige Aufforstungsgebiete hindurch. Es sollen die größten der Welt sein. Beachtlich, was in Neuseeland dafür getan wird. Im wesentlichen werden schnell wachsende Kiefern gepflanzt. Diese Gegend hatte keinen Naturwald mehr, da er während des Taupo-Vulkanausbruchs zu 90 % unter vulkanischer Asche begraben wurde. Es gab nur Titrigestrüpp oder Aussoek-Grasländer. Wenn hier nichts getan würde, wäre eine Versteppung zu erwarten.

Wir passieren landschaftlich sehr reizvolle, aber auch recht eintönige Gebiete. Im übrigen ist die Gegend bis auf einige kleine Orte, die aus militärischen Außenposten während der Maorikämpfe Mitte des 19. Jahrhunderts entstanden sind, ziemlich menschenleer. Das Gebiet ist sehr gebirgig. Auf der Paßhöhe in Titiokura Summit kaufen wir in dem dortigen kleinen Restaurant ein Eis. Das Eis schmeckt hier auf dieser Insel wunderbar. Ich nehme jede Gelegenheit wahr, eins zu schlecken. Mit dem Wirt führen wir ein kurzes Gespräch und erfahren von ihm, daß seine Mutter aus Danzig stammt. Anschließend setzen wir unsere Fahrt an die Hawke Bay fort.

Wir sind also am Ostende der Insel angekommen. In Seenähe fahren wir durch ein sehr fruchtbares Gebiet mit Wein- und Obstanbau und anderen landwirtschaftlichen Kulturen. Unter heutiges Tagesziel ist Napier. Die Stadt hat 50 000 Einwohner und macht einen sehr geschäftigen Eindruck. Wir finden einen sehr schönen Campingplatz im Kennedy-Park. Da die Sonne heute wieder ziemlich intensiv scheint und wir auf dem Campingplatz ausgezeichnete Waschgelegenheiten haben, wird nochmals "große Wäsche" gehalten. Inzwischen macht sich unser neuer Campingnachbar bemerkbar. Dabei stellt sich heraus, daß er und auch sie – beide sind pensioniert – deutsche Vorfahren haben. Ihre Großeltern sind um 1880 ausgewandert und waren mit einem Segelschiff etwa ein halbes Jahr unterwegs. Auf dieser Seereise bekam die Großmutter ihr erstes Baby. Im Laufe der Zeit wuchs die

Kinderzahl auf sechs an. Der Mann war ein geschäftstüchtiger Schuhmacher und hat es damit auf Neuseeland zu etwas gebracht.

Heute gehen wir zum ersten Mal seit unserem Essen mit Brehmers in ein Restaurant, da wir gerade eines in der Nähe haben. Es liegt mitten im Kennedy-Park. Unser ganzes Menü für zwei Personen kostet 36 Dollar. Wir speisen Langustensalat, Hammelbraten, Eis und trinken neuseeländischen Wein.

Im Kennedy-Park ist ein wunderbarer Rosengarten angelegt. Es sollen über 2000 verschiedene Sorten sein! Auf einmal entdecke ich eine mit dem Namen "Peter Frankenfeld". Einige Sorten tragen deutsche Namen wie "Uetersen" oder "Westerland". Die mit Namen "Peter Frankenfeld" fotografiere ich. Vielleicht schicke ich das Bild Lonny Kellner. Sie wird sich sicher darüber freuen.

Der Platz, wo Napier heute steht, wurde 1769 von James Cook – wie könnte es anders sein? – entdeckt. Am 3. Februar 1931 wurde das ganze Geschäftsviertel durch das größte Erdbeben, das Neuseeland erlebte, zerstört. Teile des inneren Hafens verschwanden völlig. 7500 ac reichen Farmlandes entstanden neu. Die Stadt wurde in ihrer jetzigen Form auf erdbebensicheren Fundamenten errichtet. Morgen wollen wir die Stadt noch etwas näher kennenlernen.

Sonnabend, 18. 02. 1989

Heute morgen besuchen wir die Innenstadt von Napier. Wir sind recht früh auf den Beinen und gegen 9.00 Uhr bereits im Zentrum. Ein Parkplatz ist uns sicher in der 50 000 Seelen zählenden Stadt. Durch eine Einkaufsstraße schlendern wir zu der kilometerlangen Küstenpromenade mit Namen "Marine-Parade". Sie ist wirklich sehenswert, und man spricht zu Recht von der "neuseeländischen Riviera". Norfolk-Insel-Fichten – sie wurden von den Norfolk-Inseln eingeführt – säumen die Straße. Wir schauen hinaus auf die Hawke Bay, an der die Straße liegt. In der Hauptsache waren es skandinavische Siedler, die diese Stadt errichtet haben, die, wie schon erwähnt, 1931 durch ein Erdbeben, das auch viele Menschenleben kostete, zerstört wurde. Auf dem Schutt der Gebäude wurde gerade diese Prachtstraße erbaut. Aufgrund des Erdbebens hoben sich auch Teile des Hafens. Auf diesem neu entstandenen Festland liegen der Flughafen und einige Stadtteile. Heute ist Napier unter anderem ein gern besuchter Badeort.

Das Umland ist reines Agrarland. Im größten Kühlhaus Neuseelands lagern herrliche Früchte und Gemüse, die von hier aus in alle Welt verschifft werden. Mais und alle Gemüsesorten, Wein, Äpfel, Birnen, Pflaumen, Nektarinen, Kiwis usw. werden in der Gegend angebaut. Man nennt sie auch "Fruchtschale von Neuseeland".

Hier an der Promenade entdecke ich ein großes Antiquitätengeschäft. Rolf "deponiere" ich auf einem antiquierten Stuhl. Wird er zusammenbrechen? Genüßlich kann ich dann durch den großen Raum mit all seinen Herrlichkeiten bummeln. Zwei kleine Bilder haben es mir angetan. Ich kaufe sie, denn sie eignen sich gut zum Verschenken.

Anschließend gehen wir zu einem anderen Park. Es ist gut, daß dort Bänke stehen, so kann ich in der Nähe noch einmal einen richtigen Schaufensterbummel machen. Rolf ist unterdessen im Park unter einem Wasserspiel in Form einer riesigen Harfe gut aufgehoben. Ja, Napier ist schon eine schöne Stadt.

Gegen mittag brechen wir zur Weiterfahrt nach Wairoa auf, nicht ohne vorher noch den Flugplatz in Augenschein genommen zu haben. Die Tour in ein sehr gebirgiges Gelände beginnt. An der Strecke liegen Punkte, die abenteuerliche Namen tragen wie zum Beispiel "Teufelsbogen". Es wird uns auch bei der Fahrt sehr schnell klar, wie es zu dieser Bezeichnung gekommen ist. Auch wir haben bei der Fahrerei einige Probleme mit dem Wagen, aber es geht alles gut. Nach einiger Zeit passieren wir Wairoa, das inmitten von Farmland liegt und wohl das landwirtschaftliche Zentrum der ganzen Gegend ist. Nach einem kurzen Aufenthalt machen wir uns auf nach Gisborne, unserem heutigen Tagesziel. Die Fahrt ist sehr abwechslungsreich. Auch hier fahren wir, wie gestern schon, durch Aufforstungsgebiete. Auf einer Anhöhe wird von einem Aussichtspunkt auf einmal der Blick auf das Meer freigegeben. Vor uns sehen wir weiße Klippen, die den Namen "Young Nick's Head" tragen. Diesen Namen gab ihnen Cook. Diesen Teil Neuseelands entdeckte ein Schiffsjunge aus seiner Mannschaft als erster. Damit hatte nicht Cook, sondern dieses Mannschaftsmitglied der "Endeavour" als erster Neuseeland entdeckt. Es war der erste Punkt Neuseelands, den man überhaupt gesichtet hatte. Von diesem Schiffsjungen gibt es übrigens im Churchill-Park von Gisborne eine Statue, die auf dieses Ereignis vom Oktober 1769 hinweist.

Obwohl wir von hier oben einen überwältigenden Blick haben, müssen wir schließlich weiter nach Gisborne. Zunächst suchen wir einen Campingplatz. Am Stadtrand finden wir bald einen. Zwar ist das Office unbesetzt, aber wir werden durch einen an die Tür gehefteten Zettel aufgefordert, uns selbst einen Platz auszusuchen und später zu bezahlen. Da der Platz ziemlich leer ist und wir keine Sorge haben müssen, später keinen mehr zu finden, fahren wir erst einmal in die Stadt zum Churchill-Park, der direkt am Meer liegt. Dort ist auch ein Campingplatz, der aber geschlossen ist. Die großen Ferien sind in Neuseeland seit 14 Tagen zu Ende, und deswegen ist der Bedarf an Plätzen nur gering. An dem herrlichen Strand vergnügen sich viele Menschen. Heute herrscht beachtlicher Wellengang. In unmittelbarer Nachbarschaft gibt es auch noch ein Vergnügungszentrum mit großer Rutsche und ähnlichem.

Die Stadt Gisborne bezeichnet sich als "östlichste Stadt der Welt". Von Neuseeland ist sie es wohl, wie ein Blick auf die Karte verrät, aber mit unserem sonstigen Weltbild stimmt das doch nicht ganz überein. Sicher hängt das auch mit der nahe liegenden Datumsgrenze zusammen. Wenn man die berücksichtigt, mag es wohl hinkommen.

Die Stadt hat 32 000 Einwohner und liegt in einem reichen Obstanbaugebiet, wo auch Zitrusfrüchte gedeihen. Wir sehen viele Plantagen, die stets von hohen, dicht stehenden Bäumen, vielfach Pappeln, umgeben sind. Diese Gegend wird auch als die "Sonnenscheinecke Neuseelands" bezeichnet. Hier leben übrigens sehr viele Maoris. Man sieht das an den typischen Versammlungshäusern in den Dörfern. Auch in Gisborne steht ein recht großes.

Nicht nur Cook hat man ein Denkmal gesetzt, sondern eben auch seinem Schiffsjungen, dem eigentlichen Entdecker Neuseelands, Nicholas Young.

Nach unserem Ausflug in die Stadt nehmen wir unseren Platz auf dem Campingground in Besitz. Nach einiger Zeit stellt sich ein unserem Wagen ähnlicher auf den Nachbarplatz. Da wir uns inzwischen in dem jetzt besetzten Office angemeldet haben, hat wohl der neue Nachbar dort erfahren, daß wir aus Deutschland sind. Jedenfalls begrüßen sie uns gleich mit "Guten Abend".

Wie sich herausstellt, handelt es sich um ein pensioniertes Ehepaar aus Bielefeld. Die beiden sind schon fünf Wochen unterwegs und haben noch zwei Wochen vor sich. Da sie mehr Zeit haben als wir, besuchten sie bereits die Südinsel und wollen nun die Nordinsel noch etwas genießen. Wir können ihnen eine Reihe von Tips geben. Sie machen zum ersten Mal eine Tour mit dem Campmobil und sind ganz begeistert. Als sie hören, daß wir schon seit dreizehn Jahren auf diese Art reisen und Rolf im Gegensatz zu dem Bielefelder schon sieben Jahre älter ist, freuen sie sich und stellen fest, daß sie ja dann wohl auch noch eine Weile diese herrliche Art des Reisens praktizieren können. Übrigens sind sie bis Christchurch auf der Südinsel geflogen und geben den Wagen in Auckland ab. Das ist sehr günstig, denn damit hat man die An- und Abfahrt nur einmal. Wir kommen noch über andere Reiseziele, wie zum Beispiel Südafrika, Bali usw., die wir schon besucht haben, ins Gespräch, und es wird eine Kontaktpflege nach unserer Rückkehr abgesprochen, deshalb tauschen wir die Adressen aus. Auf jeden Fall wird es ein langer Abend.

Bevor es in die Betten geht, will ich den Schafen auf der Weide noch einen Besuch abstatten, doch ich habe damit immer Pech. Sie sind, wie überall auf der Insel, ängstlich und laufen davon. Gewiß haben sie keine guten Erfahrungen mit Menschen gemacht. Arme Tiere!

Sonntag, 19. 02. 1989

Unsere Nachbarn sind schon auf. Wir beeilen uns, auch in die "Strümpfe" zu kommen. Schließlich sind wir ungefähr zur gleichen Zeit startbereit. Nach einer herzlichen Verabschiedung steuern wir der Bay of Plenty entgegen.

Heute geht es zunächst durch eine sehr fruchtbare und wohlhabend wirkende Gegend. Unterwegs begegnen wir zwei Maori-Cowboys zu Pferde, die eine riesige Schafherde zusammengetrieben haben. Offensichtlich werden die Schafe heute noch in große Trucks, von denen wir unterwegs viele sehen, verladen. Einige Kilometer weiter treibt ein anderer Maori-Cowboy zu Pferde mit einigen Hunden eine etwa 200 Tiere umfassende Rinderherde über die Straße. Interessant ist das hervorragend funktionierende Zusammenspiel zwischen Mensch und Hund. Die Rinder werden auf diese Art und Weise nur von einem einzigen Menschen dirigiert.

Bei schönstem Sonnenwetter kommen wir nach einer sehr abwechslungsreichen Fahrt gegen Mittag in Opotiki an der Bay of Plenty an. Nach etwa 5 km finden wir einen außerordentlich hübsch gelegenen Campingplatz mit wunderbarem Sandstrand. Wir steuern den Platz sofort an. Als ich aber beim Aussteigen bemerke, daß mich diese aufdringlichen Sandfliegen sofort traktieren, entschließen wir uns, doch weiterzufahren.

Während wir noch beratschlagen, kommt ein jüngerer Mann mit einer Schüssel voll Tomaten, die er uns schenkt, weil er zu viele hat. Im Verlaufe des Gesprächs, das sich entwickelt, stellt sich heraus, daß er zwei Jahre in Deutschland, zunächst in Düsseldorf und dann in Weinheim/Bergstraße, gelebt hat. Dort hat er auch eine deutsche Frau geheiratet, die mit ihm heute auch in Neuseeland lebt. Inzwischen haben sie zwei Kinder. Er zeigt uns sein Haus, das direkt am Meer liegt, und sagt uns, daß es ihm in Deutschland zwar ganz gut gefallen habe, daß aber dort zu verbissen gearbeitet werde. Er wollte deshalb dem dortigen Streß entgehen und überredete seine Frau, mit nach Neuseeland zu übersiedeln. Sie haben diesen Schritt nicht bereut. Er ist Automechaniker und außerdem beschäftigt er sich gern mit Holz. Seine Arbeit verrichtet er zu Hause. Die Leute bringen ihm ihre kaputten Autos zur Reparatur. Darüber hinaus baut er Möbel. Er sagt: "Wir brauchen nicht viel, die Natur versorgt uns hier so reichhaltig, daß ich auch nicht so viel arbeiten muß. Wir erfreuen uns mehr an der herrlichen Natur in dieser paradiesischen Gegend." Natürlich hat seine Frau auch mal Heimweh nach ihrer Familie und Deutschland. Aber in Zeiten des Flugverkehrs ist das gar kein so großes Problem. "Zurück", so sagt er, "möchten wir nicht mehr." Auf die "Sandflies" angesprochen, lacht er nur und sagt, daß man sich daran gewöhnen könne. Außerdem gäbe es dagegen wirksame Mittel. (Sie helfen mir aber nicht, oder vielleicht habe ich noch nicht die richtigen!) Nach diesem sehr interessanten Gespräch geht es weiter.

Wir passieren wieder einige historische Punkte. Immer wieder geht es um die Kampforte einer radikalen Maoribewegung in der Mitte des vorigen Jahrhunderts, der wohl viele Greueltaten, einschließlich Kopfjagd anzulasten sind.

1865 wurde hier der deutsche Missionar Karl Volkner getötet, der die St. Stephen Church als Missionskirche hatte erbauen lassen. Da in jener Zeit fast ein Viertel der Maoribevölkerung an Krankheiten wie Masern und Typhus starb, wurde dieses Unglück den Weißen bzw. dem Christentum zugeschrieben und führte zu den brutalen Angriffen der Hau-Hau-Krieger. Volkner brachte zwar seine Frau noch nach Auckland in Sicherheit, auf dem Rückweg wurde er aber von dem Führer der Hau-Hau's, Kereopa, gefangengenommen und gehenkt. Seine Augen verzehrte Kereopa, und sein Blut wurde von den

Kriegern getrunken, weil nach der Maori-Mythologie damit die Fähigkeiten und Kenntnisse des Besiegten auf den Sieger übergehen.

In der Kirche ist die blutbefleckte Bibel von Volkner ausgestellt. Es waren schon grausame Sitten in der Mitte des vorigen Jahrhunderts in Neuseeland. Am Mt. Egmont hörten wir schon einmal davon.

Die nächste größere Stadt ist Whakatane, eine sehr wohlhabende Stadt mit großer Expansion. Sie ist rings von Farmland umgeben. Wie könnte es anders sein, gilt doch diese Gegend als die sonnenreichste Neuseelands, erleben wir einen strahlenden Sonnentag. Auf der Fahrt nach Norden reizt uns ein kleiner Flugplatz mit einem Tower, der in einem "süßen" Türmchen untergebracht ist, zu einem kurzen Stopp. Das Türmchen hat ein menschenähnliches Gesicht, hervorgerufen durch die Anordnung der Fenster. Bei der Weiterfahrt nähert sich unsere Straße wieder der Küste, so daß wir jetzt direkt parallel zum Meer fahren. Es ist zauberhaft. In Matata finden wir einen direkt am Strand gelegenen Campingplatz mit herrlichem Ausblick auf das blaue Meer. Die langen rollenden Wellen dröhnen ständig. Der Platz ist ziemlich belegt. Wie sich bald herausstellt, sind es vorwiegend Dauercamper, alle im Pensionsalter, die hier für eine längere oder kürzere Zeit leben. Rolf kommt mit einigen neuseeländischen Ladies bei seiner Hausarbeit in der Gemeinschaftsküche so intensiv ins Gespräch, daß er fast unsere Mahlzeit verpaßt. Rufen mag ich ihn aber auch nicht, damit die Damen nicht denken, daß ich ihm die Gespräche mißgönne. Bei Neuseelands Damen jenseits der 70 hat er offensichtlich durchaus noch Chancen.

Endlich kann er sich aus dem Plausch zurückziehen. Wie er mir erzählt, kennt er jetzt eine Menge Leiden dieser Damen. Rheumatismus und ähnliches scheint in der ganzen Welt verbreitet zu sein.

Nach dem Essen geht es an den Strand. Ich muß doch wieder Muscheln sammeln! Es ist einfach traumhaft. Viele Angler stehen am Strand. Mit Hilfe einer Rolle (wie beim Gartenschlauch) wird die Leine aufgewickelt. Heute beißen die Fische aber nicht. Frauen bemühen sich am Strand, Grillfeuer anzuzünden.

Heute nacht werden wir durch das rhythmische Dröhnen der Wellen sehr schnell in den Schlaf befördert. Die frische Seeluft tut ihr Übriges. Schäfchen zählen ist nicht nötig.

Montag, 20. 02. 1989

Beim Abwaschen in der Küche liest Rolf ein Plakat, auf dem steht, daß man mit einem Hubschrauber die der Küste vorgelagerte Insel "White Islands", die vulkanisch noch sehr aktiv ist, überfliegen und dabei einen Blick in den Krater werfen könne. Die Ankündigung lautet reißerisch "dem Mond am nächsten". Man wird immer wieder daran erinnert, wie vulkanisch dieses ganze Neuseeland doch ist. In der Bucht kann man die Insel rauchen sehen.

Unsere erste Station heute ist Te Puke. Diese Stadt bezeichnet sich auch selbst als die Welthauptstadt der Kiwifrucht. Kilometerweit fahren wir durch sehr schönes Land mit Obstplantagen, die rechts und links der Straße liegen. Zitrusfrüchte und vor allem Kiwis werden hier gezogen.

Ein Plantagenbesitzer namens Jim McLoughlin pflanzte hier 1934 zum ersten Mal die Kiwifrucht (chinesische Stachelbeere), die sehr gut wuchs. Daraufhin wurde das Kiwianbaugebiet erweitert. Außerdem hat der Gärtner Hayward Wright die Zucht bis 1945 stark verbessert. Nach ihm ist die große eiförmige Sorte "Hayward" benannt. Er betrieb seine Zuchtgärtnerei in Avendale. Nach dem zweiten Weltkrieg begann eine sehr starke Ausbreitung, und so entstanden riesige Plantagen um Te Puke herum, natürlich mit allem, was dazugehört: Kühlhäuser, Lagerhallen, ja sogar Weinkeltereien für Kiwiwein. In dieser Gegend wird ohnehin viel Wein angebaut und in großen Weingütern verarbeitet. Der Wein wächst hier ebenerdig und nicht in Weinbergen, wie wir es gewohnt sind. Bei uns in Deutschland ist gar nicht so bekannt, daß auch in Neuseeland sehr guter Wein produziert wird. Von Australien oder Südafrika weiß man das schon eher.

Wie wir schon sahen, wachsen die Kiwis an Bäumen, die über Gestelle so gezogen werden, daß man zum

Ernten durchgehen und die Früchte unter dem "Baumdach" recht einfach pflücken kann. Überall sind die Plantagen durch hohe Hecken von Pappeln oder Nadelhölzern abgeschirmt. Wahrscheinlich sollen diese Schutz vor Wind bieten. Selbstverständlich gibt es nicht nur in Te Puke Kiwiplantagen. Wir haben sie auch andernorts immer wieder einmal angetroffen, aber nur im nördlichen Teil des Landes.

Nach einem Einkaufsbummel in Te Puke geht es weiter nach Mount Maunganui. Den am Wege liegenden Flugplatz von Tauranga fahren wir natürlich auch noch kurz an. Am Strand von Mount Maunganui machen wir erst einmal Pause. Der Ort wirkt sehr komfortabel. Wie wir erfahren, handelt es sich hier um ein sehr beliebtes Seebad. Die Straßen um die Beach, die Ocean Beach und die Marineland, sind mit hohen Pinien bestanden. Die schönen Häuser lassen großen Wohlstand vermuten. Ja, hier könnte man sich als fauler Urlauber wohl fühlen. Wir bummeln durch die Straßen und an der Beach entlang. Bei dem Hafen handelt es sich um einen der wichtigsten Holzexporthäfen Neuseelands.

Wir sind unschlüssig, ob wir hier nicht einen Tag verbringen sollten, so gut gefällt es uns hier, und wir hätten auch einmal eine geruhsame Pause verdient! Schließlich entscheiden wir uns doch für die Weiterfahrt. Es gibt ja noch so viel zu sehen. Vor allem möchten wir noch die so gerühmte Coromandel-Halbinsel vor unserer leider nun bald fälligen Rückkehr nach Deutschland erleben. Daran mögen wir eigentlich noch gar nicht so recht denken ...!

Unser nächstes Ziel ist Tauranga. Diese Stadt hat 60 000 Einwohner und ist der Mittelpunkt der Zitrusfrucht-Produktion des Landes. Etwa 60 Prozent des Gesamtertrages werden in dieser Gegend geerntet und verwertet. Kaum haben wir Tauranga verlassen, müssen wir natürlich noch an einem der vielen Obststände anhalten, um uns mit Früchten zu bevorraten.

In Waihi machen wir unseren nächsten Halt. Diese Stadt erinnert uns an Orte mit Wildwest-Charakter wie in Kanada oder Amerika. Das hängt wohl damit zusammen, daß hier Gold gefunden wurde. Bis 1953 wurde eine der reichsten Goldminen der Welt, die Great Martha Goldmine, ausgebeutet. Im Ort gibt es auch ein Museum, in dem diese Geschichte dargeboten wird. Vor kurzem wurde die Goldmine wieder eröffnet, allerdings jetzt im Tagebau. Der Goldgehalt beträgt 2 Teile pro Million. In einem Kaffee-Shop genehmigen wir uns eine Quiche Lorraine und einen Milchshake. Dann geht es weiter über Whagamata nach Norden.

Die Strecke ist sehr kurvenreich. Es geht zudem rauf und runter. Bei einem sehr schönen Ausblick halten wir an und wollen fotografieren. Dabei entdecken wir, oh Schreck, daß der Apparat vor zweieinhalb Stunden im Kaffee-Shop liegengeblieben ist! Was nun? Es bleibt nichts anderes übrig, als schnellstens zurückzufahren. In einer Kiesabbauhalde können wir wenden. Ich bewundere die Beherrschung von Rolf. Wie es in ihm "quackert", läßt er sich nur einmal kurz anmerken. Wir schaffen die Rücktour in der halben Zeit. Manchmal wird mir himmelangst: Rolf klebt mit seinem Kopf vorn an der Windschutzscheibe, um jede Windung der Straße schnell zu erfassen. Kurz von 18.00 Uhr sind wir wieder in dem Kaffee-Shop und haben Glück: unser Fotoapparat ist noch da. Ob wir wohl erleichtert sind? Der Finder, der Eigentümer des Cafés, bekommt später als Dank einen Bildband über Hamburg. Etwas gemütlicher geht es ein drittes Mal bis Whagamata, wo wir auf dem dortigen sehr schönen Campingground bleiben.

Obwohl es schon gegen 19.00 Uhr ist, können wir der Versuchung nicht widerstehen, die komfortable Waschgelegenheit zu einer allerletzten Wäsche vor unserer Rückreise nach Deutschland zu nutzen. Es ist auch warm und windig genug, so daß die Chance besteht, daß alles noch trocken wird.

Auf dem Platz schräg gegenüber steht ein Wagen mit einem holländischen Ehepaar, das einen längeren Aufenthalt plant, da die Tochter mit ihrer Familie hier lebt.

Was war das wieder für ein ereignisreicher Tag! Und nun Hand aufs Herz: Wer weiß die Ortsnamen noch alle? Ich habe sie, bis auf wenige Ausnahmen, vergessen.

Gute Nacht!

Dienstag, 21. 02. 1989

Heute morgen um 2.30 Uhr bringt Rolf mir ein Geburtstagsständchen. Es ist das zweite Mal, daß ich meinen Geburtstag im Sommer feiern kann. Das erste Mal war vor drei Jahren auf Bali und nun in Neuseeland. Wir sehen uns gemeinsam den südlichen Sternenhimmel an – vielleicht zum letzten Mal in diesem Jahr – oder vielleicht im Leben?

Wir stehen nicht zu spät auf, denn wir müssen ja noch etwas aufholen; eigentlich wollten wir schon weiter sein. Nach dem Abschied von den Holländern starten wir gegen 8.00 Uhr. Das erste größere Ziel ist Whitianga. Im Informationszentrum erfahren wir, daß sich zur Zeit der Kauribaumverschiffung hier ein bedeutender Hafen befunden hat, der jetzt für Tiefseefischerei und andere sportliche Aktivitäten genutzt wird. Der Ort liegt an der Mercury Bay. Den Namen gab, wie fast immer, James Cook dieser Bucht, als er 1769 für einige Tage dort war, um den Planeten Merkur zu beobachten. Außerdem hatte die Stadt zu Zeiten der Goldfunde eine große Bedeutung. Der Ort hat jetzt 2100 Einwohner und ist aufgrund eines 4 km langen Sandstrandes als Badeort sehr beliebt.

Ich erzähle im Informationszentrum, daß ich heute Geburtstag habe und daß er dieses Mal wegen der Zeitverschiebung 36 Stunden dauert, worauf die Dame im Zentrum zu Rolf sagt, daß er mir nun auch zwei Geschenke machen müsse. Da ich dringend eine Toilette suche, weist die Dame uns drei nach und sagt spitzbübisch dazu, das sei ihr Geburtstagsgeschenk.

Vor Whitianga haben wir noch einen kurzen Abstecher an die "Hot-Water-Beach" unternommen. Dazu müssen wir von der Straße aus etwa 8 km einen schmalen Feldweg entlang fahren. Abenteuerlich ist die Fahrt. Immer wieder denke ich: "Gleich haben wir es geschafft", da kommt schon wieder die nächste enge Kurve. Dann sehen wir tief unter uns eine Meeresbucht und freuen uns auf das Ende dieser acht Kilometer. Wir sehen dort Leute, aber es ist doch noch nicht unser Ziel. Also noch einmal eine Kurve. Endlich – wie lang können solche schwierigen Wege werden – haben wir unser Ziel erreicht. Der Wind pfeift uns um die Ohren, also raus mit den Anoraks! Zwischen hohen Felsen liegt die "Hot-Water-Beach" vor uns. Bei Ebbe kommt heißes Wasser aus dem Sand. Ich muß in dem Rinnsal aus heißem Wasser einmal baden. Wenn man bei Ebbe ein Loch in den Sand buddelt, fließt es schneller heraus.

Wir berührten auch den Ort Coroglen, der zur Zeit der "gumdigger", das sind die Sammler des Kauriharzes, ziemliche Bedeutung hatte. Der rücksichtslose Raubbau an den Kauriwäldern entzog natürlich auch diesen Leuten die Existenzgrundlage. Wir erfuhren darüber bereits eine Menge im "Kolonisten- und Pionier-Museum" in Matakaho am Anfang unserer Reise.

Von Whitianga führt eine nicht asphaltierte, rauhe und sehr bergige Straße nach Kuaotunu. Hier hat man einen herrlichen Blick auf die See. Der Sandstrand ist menschenleer. Wir müssen einfach hier noch einmal eine Pause einlegen. Neben uns stehen noch zwei weitere Campingwagen, die, wie wir bald feststellen, von zwei Ehepaaren aus Ulm benutzt werden. Während ich mich wie gehabt auf Muschelsuche begebe, kommt Rolf mit ihnen ins Gespräch. Sie sind etwas länger unterwegs als wir, müssen aber ebenfalls am Freitag nach Deutschland zurück. Sie fliegen allerdings die Route über den Fernen Osten. Als ich zurückkomme und ihnen die gefundenen Muscheln zeige, stellen sie erstaunt fest, was für schöne Arten es hier gibt und daß sie noch keine gesehen haben. Worauf die wohl geguckt haben mögen? Sie liegen hier ja auf Schritt und Tritt. Nur die in allen Farben schillernde Paua-Muschel, die ich immer wieder suche, finde ich einfach nicht.

Zwar möchten wir gern hierbleiben, aber es hilft nichts, wir müssen weiter. Die Straße wird jetzt immer schlechter, so daß wir nach einstündiger Fahrt froh sind, endlich wohlbehalten in Coromandel anzukommen. Die reizvolle Landschaft entschädigt allerdings sehr für diese Mühen. Herrliche Ausblicke auf das Meer zur einen Seite und auf das Gebirge, im wesentlichen vulkanischen Ursprungs, zur anderen Seite sind ungeheuer eindrucksvoll.

Coromandel war während der Zeit der Goldfunde eine sehr wichtige Stadt. Auch heute noch ist die Gegend reich an Mineralien. Es werden Opale, Amethyste, Bergkristalle und anderes gefunden. Der Name Coromandel für den Ort und die ganze Halbinsel stammt von dem Schiff HMS "Coromandel", das der Gegend im Jahre 1820 einen ersten Besuch abstattete.

In der Stadt befinden sich Gebäude im Kolonialstil. Außerdem gibt es sehr gute Strände. In Coromandel kaufen wir in einer Schlachterei zum ersten Mal Filet und entdecken, jetzt am Ende unserer Reise, wie preiswert es ist. Hätten wir das früher gewußt, wir hätten es uns öfter geleistet. Das macht aber nichts. Wir haben auf dieser Reise, wie auch auf früheren Reisen, nie viel Wert auf Essen gelegt. Obst und einige einfache Gerichte haben es auch getan. Aber heute, zu meinem Geburtstag, darf es gern einmal etwas Anspruchsvolleres sein. In der Stadt herrscht ein lebendiges Treiben.

Weiter geht die Fahrt an reizvollen Aussichten und herrlich langen Stränden vorbei. Die Landschaft ist zum Teil von wilder Schönheit. Unterwegs sehen wir auf Felsklippen in mehreren Nestern Kormorane, die es der Beschreibung nach nur auf der Südinsel geben soll. Das ist natürlich ein lohnendes Fotomotiv. Hoffentlich fliegen sie nicht weg, während ich die Vorbereitungen dazu treffe! Aber es geht alles gut.

In Tapu sehen wir einen Campingplatz, den wir eventuell ansteuern wollen. Ich mache wieder meine Probe. Sandfliegen – nichts wie weg! Wir fahren deshalb weiter bis Waiomu. Hier finden wir einen sehr schönen Platz. Bei der Anmeldung stellt der Verwalter fest, daß schon eine Reihe von Deutschen dagewesen seien, die sich alle vorbildlich verhalten hätten, und daß er deshalb die Deutschen sehr schätze. Na, hoffentlich bleibt das noch eine Weile so. Auf dem Platz ist noch eine Schulklasse, die auf Wanderfahrt ist. Es geht sehr diszipliniert zu. Ich unterhalte mich lange mit einer Lehrerin.

Die auf der Karte eingezeichnete Straße zum nördlichsten Punkt der Coromandel-Halbinsel, dem Cape Colville, soll zwar sehr reizvoll sein, ist aber für Campmobile kaum zu befahren, auf jeden Fall wird davor dringend gewarnt. Wir verkneifen uns diese Tour. Wie wir hören, scheiterte auch die Planung zum Ausbau einer besseren autobahnähnlichen Straße durch die Coromandel-Halbinsel an dem Einspruch naturbewußter Bürger, Gott sei Dank!

Mittwoch, 22. 02. 1989

Heute morgen haben wir zunächst in der Küche mit der Lehrerin, die mit ihrer Klasse auf Fahrt ist, ein Gespräch. Zusammen mit einem Lehrer und einigen Müttern sind sie mit etwa 30 Kindern bis Sonnabend unterwegs. Sie wohnen in cabins (kleinen Häuschen) auf dem Campingplatz und versorgen sich selbst. Als wir unser Geschirr säubern, sind die Kinder gerade beim "Aufklaren", während sich die Erwachsenen mit der Vorbereitung der Lunchpakete für den heutigen Tag beschäftigen. Sie verlassen alle Räume sehr sauber, so, wie wir es früher auch gelernt haben. An unsere deutschen Schulen heute darf ich gar nicht denken!

Als Rolf heute früh zum Waschen war, stand der Lehrer im Waschraum und beaufsichtigte die Körperpflege der Jungen. Wie sagte schon vor 2000 Jahren der Römer Juvenal? "mens sana in corpore sano", ein gesunder Geist lebt in einem gesunden Körper.

Die Lehrerin ist mit einem Schweizer aus St. Gallen verheiratet und heißt Bosch. Sie sagt uns, daß sie froh sein werde, wenn erst Sonnabend sei und die Klassenreise hinter ihr liege. Wie wir jedoch schon gestern feststellen konnten, herrscht eine sehr gute Disziplin, und trotzdem sind die Kinder fröhlich.

Ich gehe noch einmal über die Straße zum Strand. Es ist Flut. Die Wellen klatschen ans Ufer und werfen Muscheln auf den Sand. Leider ist mein Beutel voll. Immer wieder habe ich die Muscheln gewaschen, und noch immer rieselt Sand heraus – und stets sortiere ich sie aufs neue, um die schönsten herauszusuchen.

Ja, nun müssen wir wohl weiter. Ein letzter Blick auf die im Wasser stehenden Telefonmasten, auf die Muscheln und auf das lebendige Wasser.

Unser Weg führt uns nach Thames. Dort gibt es Reste einer alten Goldmine und viele alte Holzbauten zu sehen.

Thames entstand im Zuge der Goldsuche im Jahre 1857. Bis zu 11 000 Goldsucher waren zu jener Zeit hier tätig. Heute zählt die Stadt 7000 Einwohner. Eine alte Kirche, in englischem Stil gebaut, ist leider verschlossen, so daß wir sie nicht besichtigen können. Im Informationszentrum erfahren wir von einer sehr freundlichen Dame noch einiges mehr über die Geschichte des Ortes. Mitte des vorigen Jahrhunderts wurde eine Vereinbarung mit den Maoris getroffen: danach mußten für jedes Goldschürfrecht 2 Dollar und für jeden Kauribaum 2,50 Dollar von den Weißen an die Maoris gezahlt werden. Wenn damit auch nicht im entferntesten der echte Gegenwert entrichtet wurde, so war doch immerhin ein Weg zu einer gewissen Rechtsordnung beschritten worden.

Die Dame sagt uns noch, daß die Anzahl der deutschen Besucher sehr zunimmt und daß sie hier sehr beliebt seien. Für unsere letzte Nacht empfiehlt sie uns noch einen schönen Campingplatz in Miranda Hot Springs.

Nach einer halbstündigen Fahrt erreichen wir den Platz. Das ist gerade der richtige zum Abschalten am letzten Tag.

Aus Auckland sind zwei volle Busse mit älteren Menschen angekommen, die alle in den heißen Quellen etwas gegen ihre diversen "Zipperlein" tun wollen. Auch wir gehen an diesem Tag einige Male in die heißen Quellen. Ansonsten lassen wir es ganz geruhsam angehen.

Wir kochen uns einen zünftigen "Wiener Kaffee", einen Instantkaffee mit dem Namen "Old Vienna", den wir während der ganzen Zeit getrunken haben, und verzehren unsere letzten Kekse. Ich denke noch einmal über unsere wunderschöne Reise nach: Die Halbinsel Coromandel, wo man auf über 8000 ha wieder junge Kauribäume angepflanzt hat. Hoffentlich können sich in Jahrhunderten einmal die Nachfahren an den Wäldern erfreuen! Ich denke an die armen Opossums, eine Beutelrattenart, die auf fast allen Straßen überfahren herumlagen. Ursprünglich gab es sie auf der Insel ebenso wenig wie die Kaninchen. Sie wurden von den Weißen mitgebracht. Da sie beide zu einer schrecklichen Plage geworden sind, muß man sie jetzt verfolgen. Weshalb mußte sich der Mensch in alles einmischen, besonders der Weiße? Gerade hier in Neuseeland hat man durch die Einführung von Pflanzen und Tieren die Natur sehr durcheinander gebracht, und das nicht nur zum Vorteil. Auch Hunde und Katzen hat es ursprünglich nicht gegeben. Heute sind sie nicht mehr sehr gefragt. Gern hätte ich noch die Moorhühner fotografiert, die nur selten zu sehen waren. Dichter müßte man sein, um die abgeholzte, felsige und so karge Landschaft zu beschreiben, die trotzdem eine ungeheure Wirkung auf mich hat. Ich sehe die hohen Berge vor mir, das wehende Gras, den tiefblauen Himmel, die weißen Wolken und die vielen, vielen Schafe auf grünen Wiesen.

Ich sehe noch die vielen Golfwiesen mit ihren Löchern von 9 bis 18. Jeder, aber auch der kleinste Ort hat seinen Golfplatz. Und dann das Kiwi-Englisch! Man hat herrliche Abkürzungen gefunden: zum Opossum sagt man "possum", für vegetables sagt man "veges" oder "ta-ta" für bye bye, "petrol" für Benzin; "tea" für dinner, "beaut" für sehr gut; "B.Y.O." für Restaurants, die keinen Alkohol ausschenken und wo man selbst das Getränk mitbringt; "Dairy" für "Tante-Emma-Laden", der jeden Tag 12–14 Stunden geöffnet hat und gleichzeitig als Postamt dient, um nur einiges zu nennen. Eine Menge Wortneuschöpfungen gibt es dadurch, daß man einfach Silben fortläßt. Nun, nachdem wir alles begriffen haben, müssen wir das Land wieder verlassen. Aber noch sind wir ja hier und haben bis Freitag Zeit, langsam wieder an unsere Heimat zu denken.

Es fängt an zu regnen. Gut, da fällt der Abschied nicht ganz so schwer.

Ich packe unser Zeug schon zusammen, räume den Kühlschrank auf und mache, so gut es geht, ein wenig sauber. Die Prospekte, die wir unterwegs bekommen haben, werden sortiert, denn wir können nicht alle mit nach Hause nehmen.

Vorn am Kiosk gibt es T-Shirts mit dem Aufdruck "Miranda" zu kaufen. Da ein Nachbarskind mit mir zusammen Geburtstag hat und Miranda heißt, kaufe ich ihr eines. Ich denke, daß es für sie eine originelle Überraschung wird.

Es dunkelt inzwischen und gießt in Strömen. Rolf geht noch einmal, nur mit Badehose bekleidet, in den Pool. Was kann schon passieren: oben naß, unten naß! Seinem lädierten Knie kann es nur guttun. Schon die Maoris wußten um die Wirkung der heißen Quellen. Wie so oft schwatzten die Weißen ihnen auch diese Gegend ab. Natürlich ist es gut, daß sie heute von vielen Menschen genutzt werden können. Möglicherweise hätten die Maoris sie nicht einer breiten Öffentlichkeit zugänglich gemacht. Ich denke an die wunderschönen Montbretien, die in leuchtend roter Farbe überall am Wegesrand blühen (bei uns stehen sie im Garten und sehen rotbraun aus), an die großen wildwachsenden Hortensien in dicken Hekken, an die Lilien, die allerdings schon fast abgeblüht sind, und an die vielen anderen Bäume mit ihren Blüten, wie die stark duftenden Magnolien. Der berühmteste Baum ist wohl der Weihnachtsbaum Pohutukawa. Er blüht gerade zu Weihnachten. Wir konnten nur noch vereinzelt seine feuerroten Blüten sehen.

Mich beschäftigt auch sehr intensiv die Frage, ob es für Neuseeland und die Maoris gut war, daß die Weißen gekommen sind. Der Vertrag von Waitangi im Jahre 1840, mit dem die Maoris die Souveränität Neuseelands an die britische Krone abtraten und der ihren Landverkauf an den englischen Staat regelte, war sicher nicht vorteilhaft für sie. Vorher hatten sie in ihren Dörfern Gemeinschaftsbesitz am Land, der auch von Zeit zu Zeit umverteilt wurde, wenn sich zum Beispiel bei Vergrößerung der einen oder anderen Familie andere Bedürfnisse ergaben. Es gab ja kein

Recht der einzelnen an Land. Und nun gab es plötzlich eine völlig andere Rechtsordnung, die noch durch die Gesetzgebung des "Native Land Act" von 1865 bestärkt wurde. Diese Entwicklung und die Landenteignungen durch die Regierung führten dazu, daß heute nur noch vier Prozent der Landfläche Neuseelands den Maoris gehört. Mit dem Landverlust ging der Verlust der Sicherheit des einzelnen einher. Sie zogen immer mehr in die Städte, und damit entstand eine starke Veränderung gegenüber den alten Traditionen und ihren Beziehungen untereinander, die keineswegs vorteilhaft für sie und die Gesellschaft waren. Mittlerweile hat man das eingesehen, und es wird sehr viel in Richtung Wiedergutmachung, Landrückgabe und Pflege der Tradition getan. So wird die Maorisprache wieder gepflegt. Inzwischen wurde sie zur 2. Amtssprache erklärt. Religiöse und musische Traditionen werden gefördert. Überall im Lande sehen wir die Maori-Versammlungshäuser, die bei all diesen Bemühungen von großer Bedeutung sind. Wir erinnern uns noch gern der Tanz- und Gesangsdarbietungen, die wir miterleben konnten und die uns sehr angesprochen haben. Hoffentlich hat man mit den Bemühungen nicht zu spät begonnen. Was wir wiederum gut fanden, ist die offensichtlich sehr weit fortgeschrittene Integration zwischen Weißen und Maoris, so daß Probleme, wie in anderen Teilen dieser Welt in dieser Beziehung vorhanden, glücklicherweise nicht oder allenfalls mentalitätsmäßig erkennbar sind.

In südlicheren Teilen der Insel, vor allem in der Gegend des National Parks, weht das zwei Meter hohe TOE-TOE-Gras wie ein wellenbewegtes Meer im Wind. Aus vielen Grassorten, vor allem aus neuseeländischem Flachs, flechten die Maoris ihre Matten und Körbe. Und ich denke an die bunt schillernde Paua-Muschel, die ich leider nicht fand.

Nun aber erst einmal in die Wirklichkeit zurück!

Rolf kommt prustend aus dem Pool zurück. Von dem aggressiven Wasser sind wir beide entsetzlich müde. Zum letzten Mal bauen wir unser Bett in unserem Diesel. Wir schlafen einige Stunden, um dann noch einmal nach draußen zu gehen und den südlichen Sternenhimmel zu betrachten.

Mir fällt das Lied ein, das meine Mutter mit mir als kleines Kind gesungen hat, und ich denke, es paßt auch gerade hier nach Neuseeland:

> Wer hat die schönsten Schäfchen?
> Die hat der gold'ne Mond,
> Der hinter unsern Bäumen
> Am Himmel droben wohnt.
>
> Er kommt am späten Abend,
> Wenn alles schlafen will,
> Hervor aus seinem Hause
> Zum Himmel leis und still.
>
> Dann weidet er die Schäfchen
> Auf seiner blauen Flur:
> Denn all' die gold'nen Sterne
> Sind seine Schäfchen nur.
>
> Sie tun sich nichts zuleide,
> Hat eins das and're gern,
> Und Schwestern sind und Brüder
> Da droben Stern an Stern.
>
> Und soll ich Dir eins bringen,
> Dann darfst Du nicht mehr schrei'n,
> Mußt artig wie der Schäfer
> Und wie die Schäfchen sein.
>
> Wenn ich gen Himmel schaue,
> So fällt mir immer ein:
> O laßt uns auch so freundlich
> Wie diese Schäfchen sein!
>
> (Hoffmann von Fallersleben)

Wie schön, daß Hoffmann von Fallersleben auch der Ansicht war, daß Menschen sich verstehen sollten. So haben wir auf den vielen Auslandsreisen nie Enttäuschungen erlebt. Immer waren die Menschen hilfsbereit und freundlich. Weshalb kann es bei den "Großen" dieser Welt nicht auch so sein!?

Ade, ihr Schafe, ade, sternenübersäter Nachthimmel über Neuseeland.

Donnerstag, 23. 02. 1989

Zweimal habe ich heute nacht den Mond besungen. Ich konnte einfach nicht richtig schlafen. Ist es der Abschied von unserem freien Leben im Campingwagen oder was sonst?

Rolf geht heute morgen noch einmal in das schöne warme Pool-Wasser. Der Erfolg ist zwar, daß er arge Schmerzen im Knie hat, aber ich tröste ihn, denn es ist ja ein Zeichen dafür, daß die Wirkung einsetzt.

Wir haben gut gewirtschaftet. Unsere letzten Vorräte sind restlos aufgebraucht.

Nun geht es ab nach Auckland. Uns graut ein wenig vor dem Verkehr der Großstadt. Ob wir den richtigen Weg zu dem Vermieter des Wagens finden? Ich passe höllisch auf, damit wir nicht die richtige Abfahrt verfehlen. Für alle Fälle habe ich mir auf dem Stadtplan auch schon die Möglichkeit einer falschen Abfahrt angeschaut, um dann retten zu können, was zu retten ist. Wir kommen jedoch heil und ohne Probleme an.

Neben uns steht ein junges Ehepaar, um sich zur Abfahrt bereit zu machen. Ich gebe ihnen die letzten Reste, die noch von Salz und Waschpulver übriggeblieben sind. Danach hole ich unsere Koffer vom Boden und packe unsere Sachen ein.

Eine Münchnerin arbeitet seit drei Monaten hier im Büro und "nimmt den Wagen ab". Sie ist von der Sauberkeit im Wagen überrascht. Für mich ist es selbstverständlich, daß ich den Wagen ordentlich zurückgebe. Das haben wir auf unseren vielen Campingtouren in USA, Kanada, Skandinavien usw. immer so gehalten.

Wir treffen wieder auf die Ulmer, die gerade unter sich erzählen, was sie so alles im Wagen gelassen haben. Eigentlich verstehe ich diese Menschen nicht recht; hinterlassen die denn zu Hause auch so ein Chaos?

Die deutsche Mitarbeiterin des Vermieters will übrigens nicht hier bleiben. Sie hat wohl ein wenig Heimweh nach München.

Mit dem Taxi fahren wir zu unserem Hotel, machen uns ein wenig frisch und gehen ins Zentrum der Stadt. Ob Rolf wohl gern mitgeht?

Zunächst haben wir großen Hunger. Wir geraten in einen Schnellimbiß, der sauber aussieht und auch von gut gekleideten Geschäftsleuten der Umgebung besucht wird. Wir bestellen ein "Weiner" (soll wohl "Wiener" heißen) Schnitzel, das sich dann aber als Hacksteak herausstellt. Und gerade Hack esse ich aus bestimmten Gründen nicht gern anderswo! Uns schmeckt es aber trotzdem. Danach gehen wir weiter in Richtung Queen Elizabeth Square. Rolf "deponiere" ich auf einer Bank und laufe allein los. Schaufensterbummel ist wohl keine Männersache. Soll er lieber sein Knie schonen. Unmittelbar vorher entdecken wir einen Imbißstand, der "Continental Food" anbietet. Darunter findet sich auch "German Sauerkraut with Sausage". Hätten wir das früher gelesen, hätten wir sicher einmal probiert, wie neuseeländisches Sauerkraut schmeckt. Komischerweise wird die Imbißbude von einem Japaner betrieben. Sein Laden läuft toll. Daß kein Deutscher auf die Idee gekommen ist!

Ich gehe in ein großes Kaufhaus. Was sehen meine kleinen Äuglein? Glaswaren aus Germany und viele, viele andere Produkte aus Europa. Weiter gehe ich die 2 km lange Queen Street - die Haupteinkaufsstraße - entlang. Es ist ganz interessant, die Schaufenster in der Großstadt einmal anzusehen. Neues oder gar Aufregendes entdecke ich aber nicht. In einer Seitenstraße sitzt ein Maler und zeichnet auf Wunsch Passanten. Dafür verlangt er Preise zwischen 5 und 10 Dollar. Ein paar kleine Mitbringsel müssen natürlich schon sein.

Nachdem ich mir die Füße wundgelaufen habe, hole ich Rolf wieder ab. Er geht auch noch ein kleines Stück mit mir, bis wir uns beide auf eine Bank setzen und die

Menschen beobachten. Die Jungen sind zum Teil sehr lässig gekleidet, und dabei habe ich mich sehr vorsichtig ausgedrückt. Ich bin ja einiges von unserer Großstadt Hamburg gewöhnt, aber hier sehen die meisten jungen Leute eigentlich noch schlampiger aus. Während wir so intensiv auf die Masse "Mensch" schauen, spricht uns eine Frau an, die wohl bemerkt hat, daß wir uns über die Bekleidung der jungen Leute mokieren. Sie findet es auch nicht gut, daß gerade die Jugend sich so häßlich macht und das offenbar auch noch schön findet.

Allmählich ist es Abend geworden, und wir suchen ein Speiselokal auf. Am ersten Tag, als wir mit Brehmers zusammen waren, fanden wir es am Hafen so schön. So pilgern wir – der Weg ist nicht weit – wieder dorthin. Wir müssen allerdings noch eine halbe Stunde warten, da es erst ab 18.00 Uhr Essen gibt. Rolf bestellt sich Würstchen mit Kartoffelbrei. Er hat selten Mut, etwas Neues zu probieren, vor allem ißt er gern Würstchen. Und außerdem bestellt er sich das erste Bier in Neuseeland mit dem schönen deutschen Namen "Rheineck". Er kann nicht widerstehen. Daß es am deutschen Rhein mehr Wein als Bier gibt, haben die Neuseeländer wohl noch nicht so recht mitbekommen. Auf jeden Fall wird es als Bier im German style angepriesen. Ich bestelle mir Rippchen in Knoblauchsoße. Das Lokal füllt sich. Gegenüber sitzt ein junges, verliebtes Paar. Dann bekomme ich meinen Teller. Meine Augen werden vor Schreck immer größer. Was ist das? Auf einem großen Teller sind kronenförmig 9 gebogene Rippen, fast völlig ohne Fleisch, kunstvoll angerichtet. Neben meinem Teller liegen Messer und Gabel, die ich langsam in Bewegung setze. Ich weiß nur nicht recht, wie ich das ganze angehen soll. Hilflos schaue ich mich um. Rolf denkt, es seien Würstchen, und bekommt mein Problem gar nicht richtig mit. Da bringt mir der Ober einen Waschlappen. Aha! Man nimmt die Dinger in die Hand, taucht die Knochen in die wohlschmekkende Soße und lutscht sie ab. Wie gut, daß ich heile Zähne - und noch meine eigenen - habe! Die jungen Leute vom Nachbartisch wollen das Lokal verlassen. "Sie" klopft mir freundlich auf die Schulter und sagt: "The bones are good?" Dabei lacht sie mich schelmisch an. Sie kannte das Gericht sicher. Na ja, man muß sich halt mit dem Essen überraschen lassen. Jedenfalls bin ich um Mund und Nase vollgeschmiert, aber dafür habe ich ja den Waschlappen; nur satt geworden bin ich von den Knochen nicht. Die hätte ich lieber für "Perro", den Hund unserer Nachbarn, mitgenommen. So bestellen wir noch einen Nachtisch, der lecker schmeckt und satt macht.

Nach dem Restaurantbesuch gehen wir zurück zum Hotel und rufen noch einmal Brehmers an. Sie empfehlen uns, morgen in das Museum für Neue Kunst zu gehen.

Da wir rechtschaffen müde sind, gehen wir bald zu Bett.

Freitag, 24 .02. 1989

Heute morgen packe ich noch einmal den Koffer und lasse, wie ich erst später feststelle, einen Schuh im Hotel stehen. Ein Aberglaube besagt, daß man dann noch einmal an den Ort zurückkommen wird. Abwarten!

Nach dem Frühstück gehen wir, wie schon am ersten Tag, an der Universität vorbei durch den Albert-Park zum Museum "City Art Gallery". Die Sonne scheint wunderbar. Wir müssen noch etwas warten. Schulklassen treffen inzwischen ein. Die Ausstellung eines modernen Künstlers ist eröffnet worden. So strömen viele Menschen in das Museum. Hier kostet es keinen Eintritt. Wo gibt es das noch? Uns interessieren in erster Linie die einheimischen Künstler. Leider werde ich enttäuscht, es gibt nur wenige Bilder von den Maoris.

Die Kinder haben sich in allen Räumen verteilt und zeichnen nun brav die Bilder nach. Es ist erstaunlich, wie ruhig und diszipliniert es dabei zugeht. Die Ausstellung spricht uns nicht so an. Sie ist uns zu modern, und wir können mit den meisten Bildern nicht allzuviel anfangen. Wir lieben die gegenstandslosen Gemälde nicht sehr. Der Maler muß allerdings in Neuseeland eine große Bedeutung haben. In einem kurzen Film wird über sein Leben und Werk berichtet.

In einem kleinen Laden versuche ich, Drucke von Maoribildern zu finden, leider vergebens. Es gibt nur riesige Exemplare, die für den Transport einfach zu groß sind. Weshalb trägt man dem Tourismus auf diesem Gebiet so wenig Rechnung? Es kommen doch so viele Menschen hierher. Die meisten sind zwar Japaner, wie man aus den häufig anzutreffenden japanischen Beschriftungen ableiten kann, inzwischen kommen aber auch immer mehr Deutsche als Besucher ins Land.

Wir bummeln gemütlich wieder zurück und bewundern noch einmal die riesigen Bäume im Park.

Gegen 14.00 Uhr holt uns Herr Brehmer ab, und wir fahren noch einmal zu ihnen. Einer ihrer Söhne ist auch da. Er kann aber deutsch weder verstehen noch sprechen. Frau Brehmer bewirtet uns wieder vorzüglich. Ich weiß gar nicht, womit wir das verdient haben. Im Garten wird noch einmal fotografiert. Dafür brauche ich nun nicht mehr aus dem Wagen raus- und wieder reinzuspringen, wie in den letzten vier Wochen. Der dadurch verursachte Muskelkater entfällt ab sofort.

Langsam drängt die Zeit. Wir müssen zum Flughafen. Das um so mehr, als schon sehr reger Wochenendverkehr einsetzt. Vor dem Flughafen wird Herr Brehmer von einem jungen Deutschen angesprochen, der seinen aus dem Jahre 1957 stammenden VW-Transporter anstaunt, der immer noch fährt. Er lichtet Herrn Brehmer mit seinem Museumsstück ab.

Wir haben noch etwas Zeit und gehen in eine Cafeteria, um etwas zu trinken. Plötzlich kommt der Direktor der Lufthansa in Neuseeland an unseren Tisch und begrüßt den ihm bekannten Herrn Brehmer. Er erzählt, daß er zu jedem Flugzeug, das nach Deutschland fliegt, herkommen muß. Vom Personal spricht niemand deutsch und niemand ist bereit, es zu lernen. Das erstaunt mich sehr. Gäbe es da keine Möglichkeiten für Deutsche? Ich wunderte mich schon beim Herflug, daß, wie es sonst bei so vielen deutschen Fluggästen an Bord üblich ist, keine Ansage in deutsch gegeben wurde. Weiter berichtet er, daß Neuseeland für Deutsche immer attraktiver wird und die Lufthansa plant, dem mit einer eigenen Verbindung Rechnung zu tragen. Einstweilen bleibt es aber in Ermangelung geeigneter Maschinen bei der Kooperation zwischen Lufthansa und Air New Zealand.

Danach gehen wir auf die Aussichtsplattform, doch gerade jetzt sind keine Flugzeuge zu sehen.

Nun wird es Zeit, Abschied von Brehmers zu nehmen, die so lieb zu uns waren und uns so gut mit allem versorgt haben. Einen Augenblick sitzen wir noch in der Abflughalle und beobachten eine Hochzeitsgesellschaft, die gerade das junge Paar verabschiedet. Er ist ein Maori, sie eine Weiße. Die Hochzeitsgesellschaft ist natürlich auch "durchwachsen". Zwischen beiden Gruppen scheint aber eine gute Verständigung zu bestehen – allerdings gehen sie getrennt auseinander.

Ich laufe noch einmal durch den Duty-free-Shop. Am Eingang steht ein Japaner, der mit trauriger Miene erzählt, daß heute der verstorbene japanische Kaiser beerdigt wird. Seine schwarze Krawatte hatte ich noch gar nicht bemerkt. Für kein anderes Gespräch, schon gar nicht für eine geschäftliche Beratung, schien er gegenwärtig zugänglich zu sein, vielmehr verharrte er in seiner Trauer. Mich hat dieses Verhalten doch beeindruckt.

Nun besteigen wir die Maschine. Sie ist voll besetzt. Pünktlich fliegen wir ab. Wir werfen noch einmal einen Blick zum Fenster hinaus. Strahlend blau ist der Himmel. Grüne Wiesen mit kleinen, weißen Punkten, die Schafe sagen "Lebewohl". Und in der Ferne sehen wir weiße Wolken am Himmel, bis wir selbst durch ein Wolkenfeld hindurchstoßen. "Ade, Neuseeland, wir kommen wieder." Wir müssen wiederkommen, um auch die südliche Insel zu besuchen.

Auf Wiedersehen, Land der langen weißen Wolke, auf Wiedersehen.

In Honolulu ist wieder Zwischenaufenthalt. Später erfahren wir, daß vor drei Stunden eine beschädigte United-Airlines-Maschine des gleichen Typs wie die unsrige hier gelandet ist. Wir müßten sie eigentlich vorhin gesehen haben, denn es standen mehrere Maschinen dieser Airline vor dem Gebäude. Die Maschine war auf dem Weg nach Auckland, wo wir gerade hergekommen sind. Ein großes Loch wurde in den Gepäckraum und in einen Teil der Passagierkabine gerissen – und das in einer Höhe von beinahe 10 000 m! Dabei wurde durch den Sog eine

Anzahl von Passagieren aus dem Flugzeug herausgerissen. Die anderen mußten sich krampfhaft festhalten, um ihnen nicht auf dem gleichen Weg zu folgen. Der Pilot schaffte es durch eine fliegerische Meisterleistung, die stark beschädigte Maschine mit einem Loch von 12 m Länge wieder zurückzufliegen und zu landen, so daß die übrigen Passagiere gerettet werden konnten.

Könnte es sein, daß die über den Fernen Osten mögliche und fast gleich lange Route der unsrigen deswegen vorgezogen wird, weil dort immer wieder Land erreichbar ist? Die Chancen der Rettung mögen da etwas größer sein. Auf jeden Fall sind fast alle anderen Besucher Neuseelands aus Europa, die wir gesprochen haben, über Singapur oder Thailand und Indonesien geflogen.

In Los Angeles, dem nächsten Halt für eine runde Stunde, werden drei Menschen, die angeblich zuviel im Transitraum sind, gesucht. Der Aufruf, sich an einem Schalter zu melden, kommt gerade, als ich auf der Toilette bin. Rolf ist ganz aufgeregt, er denkt, es gehe bereits weiter. Wir brauchen aber nur unsere Bordkarten und die Pässe vorzuweisen und werden in einen anderen Raum geschleust. Die Auflösung des Rätsels mit den drei überzähligen Passagieren haben wir leider nicht erfahren.

So geht unser Flug mit zehn Minuten Verspätung in Frankfurt glücklich zu Ende. Unseren Anschlußflug nach Hamburg erreichen wir ohne Mühe. Dort steht unser Sohn Stefan mit einem großen Blumenstrauß zum Empfang bereit. Er hatte von dem schrecklichen Flugzeugunglück von Honolulu aus dem Radio gehört und sich große Sorgen um uns gemacht.

Wir können dankbar sein, daß wieder einmal alles gut verlaufen ist und uns die Heimat wieder hat.

Tschüß – bis zur nächsten Reise, vielleicht nochmals nach Neuseeland! Mein Schuh muß doch wieder her, und außerdem gibt es noch so viel zu sehen!

Politik und Wirtschaft

Bei der Staatsform Neuseelands handelt es sich um eine konstitutionelle Monarchie mit Königin Elisabeth II. an der Spitze und parlamentarischer Demokratie. Praktisch gibt es die zwei wesentlichen Parteien
- die konservative National Party
- die sozialdemokratische Labour Party.

Von der Vielzahl anderer Parteien ist praktisch keine als Konkurrenz ernstzunehmen. Die Königin wird durch den Generalgouverneur vertreten. Gegenwärtig übt diese Funktion Sir Paul Reeves aus, der zum Teil Maori-Vorfahren hat.

Neuseeland hat sich seit 1919 besonders fortschrittlich in Sachen Demokratie gezeigt. Bereits seit 1919 können Frauen in das Parlament gewählt werden. Die 40-Stunden-Woche gibt es schon seit 1936. Die während der Weltwirtschaftskrise zwischen den beiden Weltkriegen auch in Neuseeland ausgelöste Arbeitslosigkeit und Verarmung führte dazu, daß die Regierung für die Bevölkerung ein immer dichteres Netz sozialer Sicherungen schaffte. In Jahrzehnten wurde praktisch für jede Bevölkerungsgruppe ein hohes Maß an Sicherheiten geboten. Ob das Finanzhilfen für Mütter, Kinder, Witwen, Bauherren oder Altersrenten für jedermann und kostenlose Krankenfürsorge sind, für jeden ist gesorgt. Solange der britische Markt als gesicherter Abnehmer zur Verfügung stand, brachte das auch keine größeren finanziellen Schwierigkeiten mit sich. Das änderte sich mit dem Beitritt Großbritanniens zur EG aber entscheidend. Auf einmal war dieser sichere Absatzmarkt für neuseeländische Agrarprodukte nicht mehr vorhanden. Außerdem war die neuseeländische Wirtschaft einseitig auf Agrarproduktion ausgerichtet. Die industriellen Zweige waren dagegen, nicht zuletzt wegen der Rohstoffarmut, wenig entwickelt. Es mußten völlig neue Wirtschafts- und Handelsverbindungen aufgebaut werden, und das bei den extrem hohen Sozialkosten und der damit verbundenen Bürokratie. Zu allem Überfluß zeigten sich die reichlich vorhandenen Gewerkschaften auch nicht immer als gesamtwirtschaftlich denkende Sozialpartner. Es konnte nicht ausbleiben, daß steigende Inflationsraten, erhöhte Lebenshaltungskosten, drückende Steuerlasten und wachsende Auslandsverschuldung die Folge sind. Wie immer in solchen Fällen, ist von dieser Entwicklung besonders die Mittelschicht betroffen.

Die Suche nach neuen Märkten, insbesondere im pazifischen Raum, die Modernisierung und Erweiterung der Industrie geht zwar voran, braucht aber Zeit und das immer bei der Nähe der übergewichtigen Konkurrenz aus Australien mit den riesigen Rohstoffvorräten und modernen Industrie. Für Neuseeland ein wirklich schwerer Weg. Bei einem durchschnittlichen Jahreseinkommen einer Familie von 30 000 Dollar verdient meist die Ehefrau mit. Wegen der nicht unerheblichen Steuerbelastung haben die Neuseeländer darüber hinaus viel Phantasie zur Minderung dieser Belastungen durch Schwarzarbeit u. ä. entwickelt, was gesamtwirtschaftlich nicht sonderlich vorteilhaft ist. Gegenwärtig wird von der Regierung versucht, die erheblichen Staatsverschuldungen im Ausland durch Verkäufe von ergiebigem Staatseigentum, wie z. B. AIR NEW ZEALAND, Post, Banken, NEW ZEALAND STEEL abzubauen. Daß dies ausgerechnet eine Labourregierung tun muß, um weltwirtschaftlich wieder kreditfähig zu werden, ist zwar auf der einen Seite notwendig, wird ihr aber auf der anderen Seite von den potentiellen Wählern übelgenommen. Möglicherweise steht der Rücktritt des deutschstämmigen Labour-Premierministers David Lange – seine Vorfahren stammen aus Bremen – im August 1989 damit im Zusammenhang. Zu seinem Nachfolger wurde Palmer – ebenfalls ein Labourpolitiker – ernannt, der gewiß kein leichtes Erbe angetreten hat.

Fauna und Flora

In Neuseeland haben sich dank der isolierten Lage eine Fauna und Flora erhalten, die es sonst nirgends oder nur vereinzelt auf der Welt gibt. Das trifft für einige Tiere wie auch Bäume zu.

Allen voran ist hier der Kiwi zu nennen, ein fast blinder Vogel, der nicht fliegen kann. Inzwischen wird er von der Regierung ebenso geschützt und vor dem Aussterben bewahrt wie einige andere Vogelarten, zum Beispiel die Papageienart Kakapo oder der Takahe. Früher gab es noch den großen urzeitlichen Laufvogel Moa, den aber die Maori erbarmungslos bejagt haben und der inzwischen leider ausgestorben ist.

Es gibt in Neuseeland keine wilden Tiere, bis auf die kleinsten, mit denen wir immer wieder einmal Bekanntschaft machen mußten, die Sandflies, die sich in das Fleisch der Menschen richtig einbeißen. Selbst James Cook hat darunter offensichtlich ebenso gelitten wie wir. Er notierte 1773 in seinem Logbuch: "Das schlimmste Tier ist die kleine schwarze Sandfliege, die hier in großer Zahl vorkommt und so quält, daß alles, was ich bisher erlebt habe, übertroffen wird. Überall, wo sie hinstechen, schwillt die Haut an. Man fühlt einen unwiderstehlichen Juckreiz und bekommt Pusteln wie bei Pocken!" Derartige Pusteln haben wir zwar nicht bekommen, 14 Tage lang hat es uns aber noch gejuckt. Neuseeländer, die wir auf diese Plagegeister ansprachen, lachten nur. Offensichtlich waren sie inzwischen dagegen immun, oder sie hatten Geheimmittel. Die von uns verwandten Präparate halfen wenig.

Im übrigen wurden die meisten Haustiere von den Einwanderern erst eingeführt. Leider waren auch Kaninchen und Ratten dabei, die sich mittlerweile zu einer großen Landplage entwickelten. Ebenso die Opossums, die einmal zur Pelztierzucht eingeführt wurden, dann aber wegen schwindender Absatzinteressen von den Züchtern freigelassen wurden.

Die Vegetation ist üppig. Es gibt einheimische Bäume – native trees genannt –, die in anderen Teilen der Welt überhaupt nicht oder kaum bekannt sind, wie Farnbäume oder die Kaurigiganten, die leider zum größten Teil dem Raubbau ab Mitte des vorigen Jahrhunderts zum Opfer gefallen sind und deren Restbestand jetzt geschützt wird. Besonders farbenfroh sind die Rata und der Pohutukawa – wegen der Hauptblüte in dieser Jahreszeit auch Neuseelands Weihnachtsbaum genannt – mit ihren leuchtend roten Blüten.

Die Vegetation ist dem tropischen Regenwald vergleichbar üppig, und das ohne die lästige tropische Schwüle.

Geschichte der Maori

Etwa um 800 sollen die ersten Ost-Polynesier das menschenleere Neuseeland zu besiedeln begonnen haben. Mit dem Eintritt in die Maori-Geschichte des sagenumwobenen Polynesiers Kupe um 925 begann in verstärktem Maße die Besiedlung durch die Polynesier. Es folgten in den nächsten 4–5 Jahrhunderten weitere Besiedlungswellen. Schriftliche Aufzeichnungen gibt es weder über die Geschichte noch über die genaue Herkunft der Maori. In den mündlichen, von Generation zu Generation weitergegebenen Erzählungen wird über sieben große Kanus aus Hawaiki – bis heute ist nicht geklärt, wo dieses Land liegt oder vielleicht auch gelegen hat – berichtet, mit denen die Maori damals nach Neuseeland kamen. Besonders die beiden Boote Te Arawa und Aotea werden erwähnt.

Die einzelnen Maori-Stämme leiten alle ihre Herkunft von einem dieser beiden Boote ab. Es ist noch heute ein Rätsel, wie ihre Vorfahren mit diesen primitiven Booten und ohne moderne Navigationsmöglichkeiten Tausende von Kilometern auf dem Ozean überwinden konnten. Der Grund für diese Meeresüberquerung dürfte in einer Überbevölkerung und damit verbundenen Nahrungsmittelknappheit zu suchen sein. Die Wissenschaft kann bis zum heutigen Tage die ursprüngliche Heimat nicht lokalisieren. Einerseits handelt es sich bei der Maorisprache um einen polynesischen Dialekt, auf der anderen Seite haben die damaligen Einwanderer die Süßkartoffel Kumara als Kulturpflanze mitgebracht, die aus Südamerika stammt. Mit dem zwischen den Maori und Engländern 1840 geschlossenen Vertrag von Waitangi wurden die Maori als britische Staatsbürger unter den Schutz der englischen Krone gestellt. Daß diese Vereinbarung dann später häufig von den Weißen gebrochen wurde, soll nur am Rande erwähnt werden.

Ein geschlossenes Maori-Volk gab es nicht. Dagegen spricht auch nicht, daß unter dem Zwang einer sich immer mehr ausbreitenden englischen Besiedlung in der Mitte des vorigen Jahrhunderts eine Einigung von 40 Stämmen unter dem ersten Maori-König POTATAU, King of New Zealand, stattfand. Noch heute residiert in Ngaruawahia die jetzige Königin, eine Nachfahrin dieses ersten Königs.

Die Kultur und Tradition der Maori wurde von den Weißen in den Hintergrund gedrängt. Die Maorisiedlungen und die typischen Versammlungshäuser "marae" verwaisten. Die Sprache, Tänze und Gesänge wurden nicht mehr gepflegt. Erst in neuester Zeit bemüht man sich intensiv um die Erhaltung des angestammten Kunsthandwerks, wie Ornamentenschnitzerei, Jade(greenstone-)Schleiferei, Tätowierung und der musischen und sprachlichen Tradition. Inzwischen wurde die Maorisprache neben Englisch zur Amtssprache erhoben. Eigene Rundfunk- und Fernsehsendungen sowie Maorischulen für Kinder im Vorschulalter verhelfen den Maori zu einem neuen Selbstbewußtsein. Mittlerweile beherrschen bereits 70 000 Neuseeländer die Maorisprache. Die jetzige Regierung bemüht sich, das den Maori durch die Weißen bei der Landbesitznahme zugefügte Unrecht mehr oder weniger wiedergutzumachen.

Das neue Selbstbewußtsein Maoritanga – wie die neuseeländische Bezeichnung lautet – zeigt sich allerorts. Man bekennt sich wieder mit Stolz dazu, Maori zu sein, wobei mancher dabei ist, der so gar nicht wie ein typischer Maori aussieht. Maoris mit blauen Augen und blonden bzw. roten Haaren lassen zumindest auf eine frühzeitige Rassenvermischung schließen. Ich finde das sehr beachtenswert – Neuseeland ist ein Land ohne jegliche Rassentrennung.

Weiße Besiedlung

Läßt man die erste europäische Entdeckung von Neuseeland im Jahre 1642 durch den Holländer Tasman und den Ostfriesen Holmann – wenn das "Otto" Waalkes wüßte – im Auftrage der holländischen Ostindien-Gesellschaft außer Acht, weil sie wegen des blutigen Empfangs der Besatzung des ausgesetzten Bootes durch die Maori nicht zu einer ersten Besiedlung führte, so begann die eigentliche weiße Besiedlung bei Gisborne 1769 und später in der Bay of Islands bei dem heutigen Ort Russell – von den Maori Kororareka genannt. Hier ließen sich als erste freigelassene Häftlinge aus australischen Lagern und Schiffsdeserteure nieder. Es muß ein "wilder Haufen" gewesen sein. Als größte europäische Siedlung entstand hier ein Walfänger-, Schiffahrts- und Handelszentrum Anfang des 19. Jahrhunderts. Ab 1814 kamen Missionare mit ihren Familien in friedlicher Absicht hinzu. Auf dem Friedhof von Russell ist ein Grabstein zu finden, auf dem neben dem Todestag und Namen der Verstorbenen steht, daß sie als erste weiße Frau in Neuseeland im Januar 1816 geboren wurde. Um 1840 war auch die erste Hauptstadt Neuseelands hier. Nach dem im gleichen Jahr zwischen den Maori und der britischen Krone geschlossenen Vertrag von Waitangi wurde die Hauptstadt nach Auckland verlegt. Im Jahre 1865 verlor Auckland diesen Status dann an Wellington.

Nun ging es mit der Besiedlung durch die Weißen sehr schnell voran. Mitte des 19. Jahrhunderts waren schon mehr Weiße im Land als Maori. Die Einwanderer brachten auch in immer größerer Zahl Tiere, vor allem Schafe, Rinder, Hirsche u. a., aber auch Kaninchen, die sich zu einer entsetzlichen Plage entwickelt haben, aus Europa mit. Nicht nur aus dem Mutterland England, sondern aus allen Teilen Europas strömten die Einwanderer in das Land, dabei waren die Deutschen bei Beginn des ersten Weltkrieges die stärkste nicht englische Bevölkerungsgruppe. In beiden Weltkriegen kämpften die Neuseeländer auf Seiten der Engländer, wobei sie überproportionale Verluste hatten.

Der weltweite wirtschaftliche Niedergang zwischen den beiden Weltkriegen verschonte selbstverständlich auch Neuseeland nicht von Arbeitslosigkeit und Armut. Das wirkte sich auch auf die Einwanderung reduzierend aus. Der Ausbau zum "Bauernhof Großbritanniens" wurde zu einer mehr und mehr gesicherten Position vorgenommen. Verstärkt wurde diese erfolgreiche Politik nach dem 2. Weltkrieg dadurch, daß das kriegszerstörte Europa eine erweiterte Aufnahmefähigkeit für Agrarprodukte jeglicher Art, vor allem für Schaf-, Rind- und Molkereiprodukte sowie Wolle hatte. Diese Entwicklung führte zu ständig wachsenden Einwanderungszahlen. Ein gewaltiger Einschnitt in diese wirtschaftliche Aufwärtsbewegung ergab sich mit dem Eintritt Großbritanniens in die EG. Ein Großteil des englischen Absatzmarktes ging verloren. Diese Umstellung war für Neuseeland sehr schmerzlich, das um so mehr, als eine Entwicklung zu einer mehr industriell orientierten Wirtschaft nicht schnell zu erreichen ist. Ein Blick auf die Herkunft industrieller Erzeugnisse zeigt, daß sie häufig importiert sind. Das entstehende Ungleichgewicht zwischen Im- und Exporten führt zu starker Verschuldung mit all den bekannten Begleiterscheinungen wie Arbeitslosigkeit, Inflation etc. Daß damit die Anziehungskraft Neuseelands als Einwanderungsland schwindet, liegt auf der Hand. Inzwischen wurde Neuseeland zum Auswanderungsland, wobei vor allem junge, qualifizierte Arbeitskräfte ihrer Heimat den Rücken kehren.

Neuseeland zählt etwa 3,3 Millionen Einwohner, wovon drei Viertel auf der Nordinsel und davon knapp 60 Prozent in den wenigen Großstädten des Landes leben. 90 Prozent sind Weiße, der Rest besteht aus Maori, neu eingewanderten Polynesiern und anderen Rassen.

Schule – Universität – Wissenschaft – Kultur

Das Schul- und Universitätswesen hat seine Wurzeln in der angloamerikanischen Tradition. Bis etwa zum 13. Lebensjahr besuchen die heranwachsenden Neuseeländer die Elementarschule. Daran schließt sich der Besuch der Sekundarschule – Highschool oder College genannt – an. Die gesetzliche Schulpflicht erstreckt sich bis zum 15. Lebensjahr. Mit etwa 18 Jahren wird die Sekundarschule mit einer Prüfung abgeschlossen, deren Bestehen den Eintritt in eine Universität erlaubt. Neben 260 staatlichen gibt es etwa 100 private Sekundarschulen. Die staatlichen genießen unterschiedliches Ansehen. Deshalb wird viel Wert darauf gelegt, seine Kinder auf eine Schule mit gutem Ruf zu schicken, weil sich das für das anschließende Berufsleben und die gesellschaftlichen Verbindungen günstig auswirkt. Ähnlich wie in Großbritannien und Amerika besteht unter den "Ehemaligen" eine nicht zu unterschätzende Kontaktpflege.

In Neuseeland gibt es sechs Universitäten: in Auckland, Christchurch, Dunedin, Hamilton, Palmerston North und Wellington. Auckland hat als größte 12 500 Studenten. Neben diesen Universitäten gibt es eine Landwirtschaftliche Hochschule und einige Technische Fachhochschulen.

Wie im angloamerikanischen Raum üblich, ist der Studienbetrieb schulisch straff organisiert und wird in einem ersten Abschnitt nach 3–4 Jahren mit dem Bachelor-Grad und nach weiteren 1–3 Jahren mit dem Master-Grad abgeschlossen. Mehr als in Europa wird die Spezialisierung betont. Der Doktor-Grad wird nur von wenigen angestrebt. Der Student erhält vom Staat ein Stipendium. Die wesentlichen in Neuseeland vertretenen Gebiete und Studienrichtungen sind die Natur- und Ingenieurwissenschaften sowie Medizin.

Das kulturelle Leben ist ziemlich ausgeprägt, obgleich

es sich im Wettbewerb mit dem in Neuseeland so geschätzten Sport befindet. Die rege Teilnahme am kulturellen Leben zeigt sich z. B. darin, daß sehr viel gelesen wird, was sich in dem sehr starken Besuch von Bibliotheken ausdrückt. Außerdem gibt es neben einem bedeutenden neuseeländischen Symphonieorchester und Ballett eine Vielzahl örtlicher Orchester und Chöre und lokaler Theater. Eine Reihe Autoren sind über die Grenzen Neuseelands hinaus bekannt geworden. Die bedeutendste Schriftstellerin Katherine Mansfield (1888–1923) ist in viele Sprachen, auch ins Deutsche, übersetzt worden.

Das Kunstgewerbe ist sehr aktiv. Über Maori-Kultur wurde an anderer Stelle berichtet.

Die Erzeugnisse der neuseeländischen Filmindustrie sind nicht nur für neuseeländische Konsumenten, sondern auch für ausländische in aller Welt interessant geworden.

Reisetips

Vorbereitungen:

Beste Reisezeit ist Oktober bis April. Bei der Buchung entscheiden, ob man in westlicher oder östlicher Richtung fliegen möchte. Beide Strecken sind gleich lang. Die fernöstlichen Routen erlauben in vielen Fällen eine Unterbrechung mit Hotelübernachtung.

Gültiger Reisepaß ist erforderlich. Internationaler Führerschein ist ratsam. Pro Monat geplanter Aufenthalt müssen bei der Einreise 1000 neuseeländische Dollar bzw. der Gegenwert nachgewiesen werden, ebenfalls das Rückreiseticket. Eine private Krankenversicherung für die Dauer des Neuseelandaufenthaltes sollte abgeschlossen werden.

Geld:

Ein Neuseelanddollar = ca. DM 1,15.
Euroschecks werden nicht angenommen, dagegen kann man mit Master- oder Visacard bezahlen. Tankstellen nehmen diese Karten an, nicht aber die Supermärkte. Probleme, überall Geld zu wechseln, gibt es aber nicht.

Nehmen Sie nicht zu wenig mit. Die Preise sind durchweg höher als bei uns, selbst Gemüse und Obst sind teurer. Es ist ratsam, in Deutschland etwas Geld zu wechseln, damit man bei der Ankunft eine Taxe bzw. den Bus zum Hotel bezahlen kann und nicht erst auf dem Flughafen am Bankschalter Schlange stehen muß.

Kleidung:

Es herrscht mitteleuropäisches Klima. Trotzdem: Regenzeug nicht vergessen, ebenso eine Wolljacke oder Pullover, evtl. eine Mütze mitnehmen. (Handgestricktes kann man in Neuseeland kaufen, eine Jacke kostet aber etwa DM 300,- und mehr.) Anorak und feste Schuhe nicht vergessen. Badeanzug/Badehose einpacken. Nicht zu viel Kleidungsstücke mitnehmen!!! Waschmaschinen und Trockenplätze gibt es auf fast allen Campingplätzen. Trotzdem nehme ich immer eine kleine Wäscheleine und etwa 20 Klammern mit, um einmal bei fehlender Gelegenheit trotzdem etwas auf die Schnelle auswaschen zu können. Handtücher und Trockentücher sind im Wohnmobil vorhanden.

Lebensmitteleinfuhr:

Außer vakuumverpackten und in Dosen befindlichen Lebensmitteln ist für sonstige Waren die Einfuhr verboten.

Ich nehme außerdem auf jede Campingreise Tütensoßen mit. Die Zubereitung im Wagen ist schnell und unkompliziert. Festes Brot bekommt man selten. Toaster gibt es in den auf den Campingplätzen installierten Küchen, oder man röstet das Brot in der Pfanne, um nicht das wabbelige weiße Brot essen zu müssen.

Wagenübernahme:

Achten Sie auf gute Reifen und Beulen. Eventuelle Mängel sollten Sie vermerken lassen, damit es später bei der Rückgabe keine Probleme der Verantwortlichkeit gibt.

Die Funktionstüchtigkeit von Kühlschrank, Herd und Heizung überprüfen. Klärung der Frage, ob man bei einem längeren Halt den Kühlschrank von Batterie auf Propangas zur Vermeidung einer unnötigen Batteriebelastung umstellen muß. Ist die Propangasflasche voll? (Man kommt gut vier bis fünf Wochen damit aus.) Ist ein Schlauch für Frischwasserzufuhr vorhanden? Schaufel, Handfeger und Eimer sind wichtig. Achten Sie darauf, daß eine große Plastikschüssel nicht vergessen wird, um Geschirr in die Küchen auf dem Campingplatz tragen zu können. Wenn Sie kein Raucher sind, nehmen Sie auch Streichhölzer mit, damit Sie keine große Packung kaufen müssen, für deren Rest Sie keine anderweitige Verwendung haben.

Prüfung, wie es um das Reserverad bestellt ist. Ein zweiter Wagenschlüssel ist wünschenswert.

Achten Sie darauf, daß genügend Schlafsäcke vorhanden sind. Ich habe es gern etwas warm und nehme lieber einen mehr mit, um ihn als Decke zu benutzen. Die Nächte sind oft kühl. Taschenlampe und Kerzen nicht vergessen. Es dürfen nicht alle Wege mit dem geliehenen Wohnmobil befahren werden. Erkundigen Sie sich vorher, damit Sie nicht etwa mit einem Achsenbruch liegenbleiben.

Das Einkaufen:

Der Einkauf ist kein Problem. Überall gibt es Supermärkte und die Dairy's, die bis spät abends sieben Tage in der Woche geöffnet haben. Obst- und Gemüsestände gibt es je nach Jahreszeit an den Straßen.

Spray gegen die lästigen Sandflies in Neuseeland kaufen. Unsere Mittel helfen nicht. Imbißstuben, Restaurants u. ä. findet man überall.

Notfallruf:

Überall im Land 111 wählen.

Telefonieren:

Eine Verbindung von öffentlichen Fernsprechzellen nach Deutschland herzustellen, ist nicht einfach. Man geht am besten zum Postamt. Eine Minute kostet ca. NZ-Dollar 1,30. Ortsgespräche – wenn sie vom Münzfernsprecher geführt werden – 20 Cent.

Porto:

Postkarten nach Europa: NZ-Dollar 1,30.

Campingplatz:

Die Kosten für ein Wohnmobil und zwei Personen betragen pro Tag durchschnittlich NZ-Dollar 15,–.
 Sollten Sie nicht mit dem Wohnmobil reisen, gibt es überall Übernachtungsmöglichkeiten: Jugendherbergen, Motels, Cabins auf den Campingplätzen usw.

Strom:

Benutzen Sie einen elektrischen Rasierapparat oder einen Föhn, nehmen Sie einen Weltreisestecker mit.

Zeitzone:

Neuseeland ist der Normalzeit um 12 Stunden voraus. Im Jahre 1989 gab es zum ersten Mal die Sommerzeit, es ist aber nicht sicher, ob sie wieder eingeführt wird.

Informationsbüro:

Diese gibt es überall. Man wird gern Ihre Fragen beantworten. Außerdem wird man Sie hier im einheimischen Reisebüro mit Informationsmaterial versehen.

Fähre:

Die Fähre von der Nord- zur Südinsel sollte man vor Reiseantritt buchen!

Mein Mann und ich stehen Ihnen jederzeit zur Beantwortung weiterer Fragen zur Verfügung (Adresse über den Verlag).

P. M. Zimmermann
Mordsache René Descartes
124 Seiten Hardcover
Peter Michael Zimmermann hat mit Akribie geforscht, gibt einen detaillierten Einblick in das Zeitgeschehen und hat einen spannenden Kriminalfall aus dem Jahre 1650 einer überraschenden Lösung zugeführt: René Descartes – der Philosoph – ist mit hoher Wahrscheinlichkeit am Hof der schwedischen Königin Christina in Stockholm ermordet worden. Der letzte Beweis ist noch heute möglich – wird es mit dem Druck der Öffentlichkeit gelingen? Ein informativ und spannend zugleich geschriebener Roman, der auch dem Leser die eigene Antwort abfordert. Das besondere Anliegen des Autors: nach mehreren Beisetzungen für René Descartes endlich eine gemeinsame Ruhestätte für Haupt und Skelett, die bis heute unvereint in Paris aufbewahrt werden!
ISBN 3-926622-66-0
DM 29,80

Tangens Systemverlag GmbH
ZIGZAG – DAS ITALIEN-MAGAZIN
Eine neue Gangart für alle Freunde und Kenner Italiens gibt es seit 1986 ZIGZAG. Der Name ist zugleich Programm: In ZIGZAG Manier will ZIGZAG Hintergründe aus Politik, Wirtschaft und Kultur beleuchten und den Blick für die Italienische Wirklichkeit schärfen. Mit einem breitgefächerten Themenangebot und einer fundierten Berichterstattung informiert ZIGZAG italophiel
Italie per tutti.
ISSN NR 0935-6428
DM 5,80 ZIGZAG erscheint 4× im Jahr

T. E. Panzer
EDV-Sicherheit
240 Seiten Hardcover
Alle reden von der Gefährdung der EDV durch Hacker, Gauner, Saboteure. Wo Personal Computer sich ausbreiten, versagen übliche Normen für Datenschutz und Datensicherheit. Aus Beratungsfällen und Seminaren des Autors entstand dieses Buch, das Gefahren für die EDV schildert, Empfehlungen für Risiko-Einschränkungen und Sicherheitsmaßnahmen gibt. Fallbeispiele runden die Darstellung ab.
ISBN 3-926622-60-1
DM 78,00

T. E. Panzer
Bendestorfer Feldschlacht
409 Seiten Paperback
„An einem sonnigen Oktobermorgen treffen bei Bendestorf zwei Heere aufeinander; zehntausend Preußen und Österreicher, die sich für einen Monumentalfilm eine Schlacht liefern sollen. Was bis zu diesem Morgen eher ein finanzielles Abenteuer der Filmgesellschaft war, wird zu blutigem Ernst, als scharfe Munition verwendet wird."
ISBN 3-926622-63-6
DM 29,80

T. E. Panzer
Nur ein Tropfen Liebe
100 Seiten Leinenband
„Menschliches, nur allzu Menschliches wird in 11 Geschichten amüsant, nachdenklich und voll zärtlicher Ironie erzählt. Erkennen Sie die handelnden Personen?"
ISBN 3-926622-61-X
DM 19,80

DEMNÄCHST NEU:

Dr. K. Lange, W. Jantzen, T. E. Panzer
Controlling für Klein- und Mittelbetriebe
ISBN NR. 3-926622-62-8
DM 48,–

E. Amato, R. Kirschke, T. E. Panzer
PC. Viecherei
ISBN NR. 3-926622-72-5
DM 78,–

T. E. Panzer
Das Projekt
ISBN NR. 3-926622-64-4
DM 29,80

P. Jacobi
Unterwegs, wichtiger Geschäfte wegen
ISBN NR. 3-926622-71-7
DM 19,80

B. Herzog
Sprüche für jeden Beigeschmack
ISBN NR. 3-926622-67-9
DM 19,80

B. Herzog, Stingl
Der Cinéroman
ISBN NR. 3-926622-68-7
DM 29,80

Tangens Systemverlag GmbH · Donnerstraße 5 · 2000 Hamburg 50 · Telefon (0 40) 39 13 16